JN236596

私の英単語帳を公開します！

尾崎式の秘密

尾崎哲夫
関西外国語大学短期大学部教授

幻冬舎

● この本の自己紹介 ●

　この変な本の自己紹介をさせてください。私は、大学、予備校、専門学校他で22年間英語を教え、数十冊の英語の本を書いてきました。
　とにかく英語をわかりやすく説明し、一人でも多くの人の英語力を強めることをライフワークとして生きてきました。

　英語征服法にはさまざまな道があります。
　しかし、英語の基本はやはり英単語と熟語です。これなしに英語のマスターはありえません。日本人はリスニングが苦手だと言われますが、どんなに訓練しても知らない単語は絶対に聞き取れません。
　文法や構文も大切ですが、英単語の力なくして、話すことも、読むこともできません。
　聞き取ることも、話すことも、読むことも、すべて英単語が基礎なのです。

　今も昔も、英単語と熟語習得が、英語力増強の基本なのです。

　ところで、私は、代々木ゼミナールなどの教壇にも立ってきました。
　受験英語でも、一般英語でも、英単語の展開、要約、カテゴライズは、授業展開の軸になります。常日頃から、英単語の記憶法を考え続けてきました。さまざまな英単語の種類や、類似性に着目し、それを記憶しやすい形にまとめることに努力を集中してきました。授業をしていて、英単語展開のアイデアを思いつき、学生にわからないようにテキストの隅にメモすることもしばしばありました。毎日一度は、自分の英単語帳と格闘してきました。

　今までの私の英語著作の中で、そのかなりの部分を読者の皆さんに公開してきました。同意語のまとめ、類似語の展開、文法英単語の解説などの形で、私の著作の中に反映させてきました。
　しかし、なんと言っても、自分が苦労した単語帳ですから、その全てを公開したことはありませんでした。そして、この本において、初めて自分の英単語ノートを読者の皆さんにお見せすることになったのです。

　この本は、さまざまな角度から英単語を攻略しています。どうすれば重要な英単語をどんどん能率よく覚えられるか、あくまでそういう視点に立って、展開しています。読者の皆さんのイメージが膨らみ、脳みそのなかに英単語が広がりつつしみこんでいくように工夫してあります。
　どうかリラックスして、英単語を増やし続けてください。この本をマスターすることによって、英語を話す時、聞く時、読む時に、英語の筋肉がめきめきとついてきている

ことに気が付かれるでしょう。英語マスターに向かって読者のみなさんが前進されることを祈っています。

　中央公論新社ラクレ新書編集部部長横手拓治氏の取りはからいで、幻冬舎編集第二部部長芝田暁氏とすばらしい出会いがありました。私は青春時代、芝田暁氏の父君である芝田進午先生（哲学者・広島大学名誉教授）に憧れたことがありました。まさか芝田先生の息子さんと仕事をするとは思いもよりませんでした。
　幻冬舎編集第二部の中嶋佳子さんのアシストも得て、暁氏と良い仕事ができたことを心から感謝申し上げます。

　最後に、毎年一回の大学クラス会で、私の仕事を励ましてくれる1972年入学14組のメンバーにも御礼申し上げます。

● 本書の使い方 ●

まず、どのような方を対象としているかを記します。

この本は単語の本ですから、この本の単語のレベルが読者の方のレベルということになります。

本書では、レベルで単語を区切ることをしませんでした。

あくまで、単語のまとまり、展開、派生を重視しました。ですから、やさしい単語もあれば、難しい単語もちりばめています。

英検準2級から準1級レベル、TOEICで言えば500点から900点ぐらいまでの単語たちです。高校一年の単語からやや専門的な単語まで含んでいます。

具体的に言えば、次のような方に利用していただければいいなと思いながらまとめました。

❶受験勉強から解放されて、実際に話せる英語を目指している学生の方。
❷会社に勤務しながら、多くない自由時間を活用して英単語の知識をどんどん増やし、英語力をつけようとしている方。
❸さび付きかけた英語を、手っ取り早い単語力増強という方法で立て直そうとしている中高年の方。
❹海外旅行が趣味であり、とりあえず英単語を覚えていって、少しでも英語を使おうとしている方。

次に英単語を覚えていく方法です。
❶まず、知っている単語、また覚えなおした単語の左にマルをする。○ study
❷なんとなく知っていた単語、これから覚えようとする単語の左に黒マルをする。
　● culture
❸まだ覚えられないな、手が付けられないな、という単語には印をつけない。
civilization
❹覚えようとした②の単語を覚えきったら、黒マルをマルで囲む。◉ culture

なお、この本は私がずっと私的に使ってきた自分の英単語ノートを元に構成していますから、系統的というよりは、むしろ多忙な日々を過ごす自分が、いつ、いかなる場所で、どのページを開いても飽きないようにわざわざ工夫してあります。

ですから、読者のみなさんも自分が一番取っつきやすいように繰り返し通読する学習法をお薦めします。

全体をぴったり100項目に再編集しましたので「1日10分1項目」を100日ですべての項目の英単語を学習できるようになっています。もちろんどの項目から入ってもいつでも楽しむことができますので、あまり無理をしないでじっくりと取り組んでもらいたいと切に願っています。

Contents

この本の自己紹介 …………………………………………………………… 1
本書の使い方 ………………………………………………………………… 3
No.001 大量破壊兵器 ……………………………………………………… 10
No.002 part ………………………………………………………………… 12
No.003 expectとchance …………………………………………………… 14
No.004 多国間協議 ………………………………………………………… 16
No.005 mean ………………………………………………………………… 18
No.006 立つ ………………………………………………………………… 20
No.007 bill ………………………………………………………………… 22
No.008 郵便 ………………………………………………………………… 24
No.009 dressとdirect ……………………………………………………… 26
No.010 money ……………………………………………………………… 28
No.011 「減らす」と「増やす」 …………………………………………… 30
No.012 「変える」と「保持する」 ………………………………………… 32
No.013 耐える ……………………………………………………………… 34
No.014 「受諾」と「拒否」 ………………………………………………… 36
No.015 集める ……………………………………………………………… 40
No.016 「つかむ」と「理解する」 ………………………………………… 42
No.017 「元気づける」と「元気をなくさせる」 ………………………… 44
No.018 天気 ………………………………………………………………… 46
No.019 「得る」と「失う」 ………………………………………………… 48
No.020 lateについて ……………………………………………………… 50
No.021 十二支 ……………………………………………………………… 52
No.022 「上がる」と「下りる」 …………………………………………… 54
No.023 捨てる ……………………………………………………………… 56

目次

No.024	経済	58
No.025	顔、頭、ひげ	60
No.026	fendとfence	62
No.027	evenとodd	64
No.028	線の種類	66
No.029	感覚	68
No.030	句動詞	70
No.031	「広さ」と「深さ」	72
No.032	トイレ	74
No.033	「上げる」と「上がる」	76
No.034	湾岸戦争、イラク戦争	78
No.035	「予約」と「約束」	80
No.036	野球	82
No.037	「貸す」と「借りる」	84
No.038	pass	86
No.039	「国家」と「地方」	88
No.040	「火」と「光」	92
No.041	「生」と「死」	94
No.042	ビジネス	96
No.043	予言	98
No.044	「主観」と「客観」	100
No.045	charge	102
No.046	尺度	104
No.047	会議	106
No.048	選挙	108

Contents

No.049	じゃまをする	110
No.050	犯罪	112
No.051	酒、タバコ	114
No.052	環境	116
No.053	財産	118
No.054	会社で見る略語	120
No.055	裁判	122
No.056	戦争	124
No.057	数字を使わない数表現	126
No.058	かしこい	130
No.059	選ぶ	132
No.060	種	134
No.061	インフォメーション	136
No.062	script	138
No.063	「自然」と「人工」	140
No.064	競争する	142
No.065	数える	144
No.066	知る	146
No.067	投げる	148
No.068	語尾に-toughをつけて	150
No.069	文房具	152
No.070	素材	154
No.071	スピリット	156
No.072	病気の症状	158
No.073	「時」と「手段」	160
No.074	press	162

目次

No.075	容積	164
No.076	ラスト	166
No.077	オーダー	168
No.078	四季	170
No.079	かたち	172
No.080	重さの単位	174
No.081	貸す	176
No.082	「通貨」と「料金」	178
No.083	プレゼント	182
No.084	星	184
No.085	「泣く」と「笑う」	186
No.086	「民族」と「人種」	188
No.087	-spect-について	190
No.088	メジャーとマイナー	194
No.089	「壊す」と「変える」	196
No.090	星座	198
No.091	置く	200
No.092	衣服	202
No.093	お正月	204
No.094	バクダッド攻略	206
No.095	イスラエルパレスチナ紛争	208
No.096	朝鮮半島	210
No.097	トラベル	212
No.098	cook & eat	214
No.099	味覚	216
No.100	アート	218

Contents

● 蘊蓄コラム ●

Don't be so distant .「みずくさいぞ」 ……………………… 39
cocooning「ひきこもり願望」と cashing out ……………………193
downaging「若返り願望」………………………………224
幾つかのビジネス英語 …………………………………225
save our society「社会救済願望」………………………226
hanger(s)-on「とりまき」………………………………228
count と account と discount「三兄弟」…………………230
petticoat government=henpecked husband「カカア天下」……………232
better half「妻、配偶者」………………………………235
speakeasy「携帯エラブル虫」……………………………236
SWOT analysis「スウォット分析」…………………………238
get-together「コンパ（集まり）」…………………………240
blue glad「名門の出身」………………………………242
fat cat「成金」…………………………………………243
tip of the iceberg「氷山の一角」…………………………244
shagbile「愛人専用携帯電話」……………………………245
keep one's fingers crossed「成功を祈る」………………246
make both ends meet「帳尻を合わせる」…………………248
turn over a new leaf「心機一転」…………………………250
southpaw「左利き投手」………………………………251
Read my lips.「想像してごらん」…………………………252
My dog chewed.「（宿題を忘れた時などの）言い訳」……………254
Shoot yourself.「勝手にしろ」……………………………256
etc.「いろいろ」…………………………………………258

目次

● appendix ●

英語になった日本語 …………………………………………278
結婚式 …………………………………………………………279
国民の祝日 ……………………………………………………279
役職などの種類 ………………………………………………280
職業 ……………………………………………………………281
日本史 …………………………………………………………282
発音に注意したいカタカナ語 ………………………………286
各国の通貨単位 ………………………………………………292
フルネーム ……………………………………………………293
建物・方角の省略 ……………………………………………293
括弧などの種類 ………………………………………………294
物体の形 ………………………………………………………294
髪型 ……………………………………………………………295
動物とその部位 ………………………………………………295
容器の名前 ……………………………………………………296
木の種類と部分 ………………………………………………296
調理法 …………………………………………………………297
英米五穀 ………………………………………………………297
自然地理 ………………………………………………………298
看板・注意表示 ………………………………………………300
ペーパー (paper) ………………………………………………302

No. 001 大量破壊兵器

arm
名 腕、(複数形で)武器
- Do they carry arms?
  (彼らは武器を携帯しているのか)
- Finally the invaders gave up their arms.
  (ついに侵略者は武器を渡して投降した)

weapon
名 武器、兵器、凶器
nuclear weapons
(核兵器)
- Tears are a woman's weapon.
  (涙は女の武器である)

大量破壊兵器
weapons of mass destruction

construction
名 建設
under construction (建設中で)
construction ahead (この先工事中)
※ 掲示上で

destruction
名 破壊、絶滅
environmental destruction
(環境破壊)

construct
動 建設する、作成する
construct a factory
(工場を建設する)

destroy
動 破壊する、滅ぼす
- The invaders destroyed the whole town.
  (侵略者は町全体を破壊した)

massive

形 大きくて重い、どっしりとした、大規模な

massive monument（どっしりとした記念碑）

massive layoffs（大量の一時解雇）

※ layoffは「自宅待機」を意味

mass

名 固まり、集団、多量、大衆
形 多数の、大量の、大規模の

mass murder（集団殺人）

mass production（大量生産）

mass culture
（大衆文化）

mass psychology
（群集心理）

mass media

大衆伝達の媒体、マスメディア

- The mass media have changed the nature of politics.
（マスメディアは政治の性格を変えてしまった）

※ 日本語の「マスコミ」は mass mediaに相当することが多い

mass communication

新聞、テレビ等による大量伝達

- The power of mass communication is amazing.
（大量伝達の力は驚きだ）

No. 002 — part

separate
動 離す、分ける、区切る
separate church from state
(教会と国家を分離する)
- War separates families.
  (戦争は家族を離散させる)

separation
(**名** 分離、独立)

portion
(**名** 一部、部分)

division
(**名** 部分)

section
(**名** 部分)

part
名 部分、役割、(複数形で)地方
動 分ける、分かれる、別れる
take part in ~ = participate in ~
(~に参加する)
- I took part in the meeting last week.
  (先週会合に参加した)

depart
動 出発する
- Your flight departs from gate 2 at 5:15 p.m.
  (あなたの便は午後5時15分に2番ゲートから出発します)

departure
名 出発
departure time (出発時刻)
↔ arrival time (到着時刻)

department
名 部門、~課、~学部
accounting department
(会計課)
men's clothing department
(紳士服売り場)

total
(形 全部の、完全な)

whole
(形 全ての、まるまるの)

impartial
(形 公平な、偏りのない)

partial
形 一部の、不公平な
- That teacher is partial to girl students.
  (あの先生は女子学生にえこひいきします)

apart
副 ばらばらに、はなれて、別々に
apart from ~ (~は別として)
- Apart from his temper, he is all right.
  (彼の短気さは別として、彼はいい人です)

tell ~ apart (~を見分ける)
- I still can't tell them apart.
  (私はまだ彼らを見分けることができない)

compartment
(名 区画、仕切り客室)

apartment
名 アパート(賃貸マンション)
Apartment for Rent (貸室あり)

※ 英ではfor rentのかわりにto let
(貸す)が使われる

No. 003 — expect と chance

anticipation
(名 期待)

expectation

名 予期、期待、見込み

- There's little expectation of a good harvest.
(豊作の見込みはほとんどない)

- We're all looking forward to seeing you.
(我々はあなたに会えるのを楽しみにしています)
  - look forward to ~ing
  (〜するのを楽しみに待つ)

expect

動 予期する、期待する、(子を)はらんでいる

- We're all expecting you.
(我々は皆あなたをお待ちしております)
- The movie was not so fun as we had expected.
(その映画は期待したほどおもしろくはなかった)
- His wife is expecting a baby.
(彼の奥さんは出産予定です)
この意味の時必ず〜ing形

expectancy

名 期待、待望、見込み、予期

- The life expectancy of Japanese people is getting longer as they become rich.
(日本人の寿命は豊かになるにつれて長くなってきている)

偶然の反対は、わざと、故意に
= on purpose
= deliberately

chance

名 機会、好機、チャンス、見込み、可能性、偶然

- There's little chance of a good harvest.
  意味は左ページ左上の ● に同じ。

by chance = by accident（偶然に）
- I met him in this town by chance.
  （この町で彼に偶然会った）

the chance of illness（病気にかかる可能性）

occasion

名 時、場合、行事、機会

- I have little occasion to use my English.
  （英語を使う機会がほとんどない）
- I met him on several occasions.
  （彼には数回会ったことがある）

opportunity

名 機会、好機

an opportunity for visiting my aunt
（おばを訪れる機会）

occasional
（**形** 時々の、時折の）

occasionally
（**副** 時々、たまに）
※ sometimesより低い頻度

No. 004 多国間協議

多国間協議
multilateral talks

unilateral
形 一方の、一方的な
unilateral disarmament
（一方的武装解除）

multilateral
形 多数国間の
multilateral negotiations
（多国間交渉）

※ uni- には「ひとつ」という意味があり、multi- には「多くの」という意味がある

multinational
形 多国籍の、多国間の
multinational corporation
（多国籍企業）
multinational negotiations
（多国間交渉）

unique
（**形** 唯一の、ユニークな、かわっている）

monolingual
（**形** 1ヶ国語だけ話す〈人〉）

multilingual
形 多数の国語を話す（人）
multilingual interpreter
（多国語通訳者）

※ mono- にも「ひとつ」という意味が、そして bi- には「2つ」、tri- には「3つ」の意味がある

trilingual
（**形** 3ヶ国語を話す〈人〉）

bilingual
（**形** 2ヶ国語を話す〈人〉）

talk

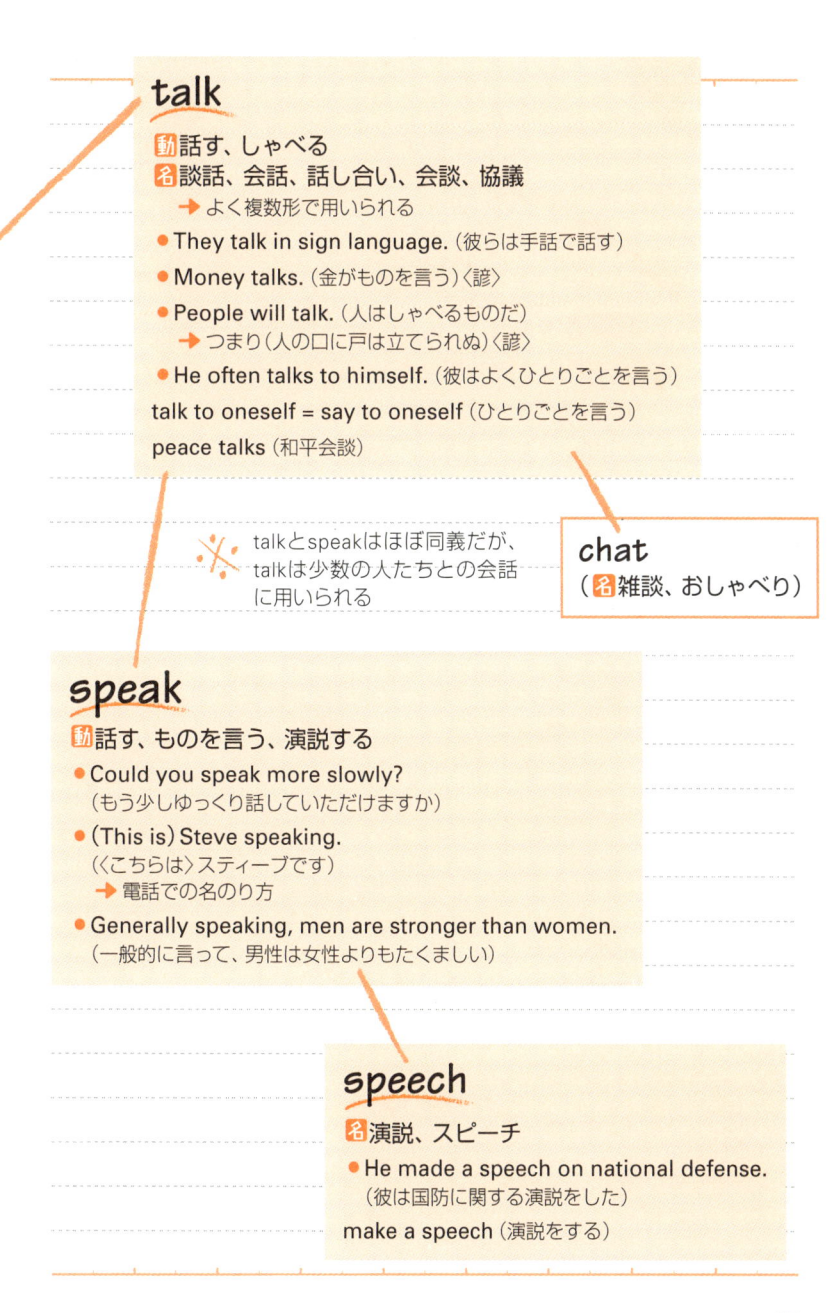

動 話す、しゃべる
名 談話、会話、話し合い、会談、協議
→ よく複数形で用いられる

- They talk in sign language. (彼らは手話で話す)
- Money talks. (金がものを言う)〈諺〉
- People will talk. (人はしゃべるものだ)
  → つまり(人の口に戸は立てられぬ)〈諺〉
- He often talks to himself. (彼はよくひとりごとを言う)

talk to oneself = say to oneself (ひとりごとを言う)
peace talks (和平会談)

talkとspeakはほぼ同義だが、talkは少数の人たちとの会話に用いられる

chat
(**名** 雑談、おしゃべり)

speak

動 話す、ものを言う、演説する

- Could you speak more slowly?
  (もう少しゆっくり話していただけますか)
- (This is) Steve speaking.
  (〈こちらは〉スティーブです)
  → 電話での名のり方
- Generally speaking, men are stronger than women.
  (一般的に言って、男性は女性よりもたくましい)

speech

名 演説、スピーチ

- He made a speech on national defense.
  (彼は国防に関する演説をした)

make a speech (演説をする)

No. 005 mean

mean

- 動 意味する、〜するつもりである
- 名 平均　形 いやしい、意地の悪い

- You mean a lot to me.
  (あなたは私に大きな意味がある
  → あなたは私にとって大切なの)
- I didn't mean that.
  (そんなつもりじゃなかったんだ)
- I love you. I mean it.
  (好きだ。本気で言ってるんだ)
- He is always mean to her.
  (彼は彼女に意地悪だ)

means

名 方法、手段、資産

means of communication
(コミュニケーションの手段)

man of means (資産家)

by no means 〜 (決して〜ではない)

- It is by no means easy to make up with him.
  (彼と仲直りするのは決して容易ではない)

end

名 目的

- The end justifies the means.
  (目的は手段を正当化する)
  → (うそも方便)〈諺〉

meanwhile

副 その間に、一方では
- Meanwhile, he started to set up new business.
(その間に彼は新しい事業をはじめた)

average
(**名** 平均)

the meantime
(**名** 合間、その間)

low

形 高さが低い、標準以下の、卑しい、下品な

※ meanは品行が卑劣で軽蔑すべき時に使う。lowは下品で粗野なという意味

low conversation（下品な会話）

meaning

名 意味、意義、目的
- What's the meaning of your attitude?
(あなたの態度はどういうつもりなの？)

sense
(**名** 意味、語義)

make sense（意味をなす）
- It doesn't make sense!
(それは意味をなさないよ！)

point
(**名** ポイント、主眼点、論点)
- In a sense, he's got a point.
(ある意味では、彼が当たってるわ)

No. 006

立つ

主張する

insist, assert（正しいと）
maintain（信念を持って）
claim（正当な権利があるとして）

insist

in + sist → ～の上にしっかりと立つ
　　　on

動 主張する、強く要求する
- He insisted that he was innocent.
（彼は自分は無実だと主張した）

insistence（名 主張）

insistent（形 しつこい）

立つ
-sist = stand

resist

re + sist → ～に逆らって立つ
　　　against

動 抵抗する、耐える、がまんする
- The pickpocket tried to resist the policeman who arrested him.
（すりは自分を逮捕した警官に抵抗しようとした）
- He cannot resist ice cream.
（彼はアイスクリームにはつい手が出てしまう）

resistance（名 抵抗）

assist

`as` + `sist` → ～のそばに立つ
as, ad = to

動 援助する
assist A in doing（Aが～するのを手伝う）
- An usher assisted me in finding my seat.
（案内係が席を見つけるのを手伝ってくれた）

assistance
（**名** 助力）

assistant
（**名** 助手）

exist

`ex` + `ist` → 出て立つ
out

動 存在する、生存する
- Ghosts do not exist.
（幽霊は存在しない）

exist on A（Aを食べて生きていく）
- We cannot exist without water.
（人間は水なしでは生きていけない）

existence
（**名** 生存、生活）
come into existence
（生まれる）

No. 007 bill

billboard
(名 広告掲示板)
billの拡大バージョン

紙幣はイギリスではnote、米ではbillが使われる。ちなみに貨幣は「coin」

bill 〈米〉〈英〉

名 手形、紙幣、請求書〈英〉、法案、張り紙

bill of exchange（為替手形）
bill of lading（B/L）（船荷証券）
a ten-dollar bill（10ドル紙幣）
- Can we have the bill, please?
（お勘定して頂けますか）
pass a bill（法案を可決する）
Post no bills（張り紙禁止）
※これらは全部紙でできたもの

poster
(名 張り紙、ポスター)
postに「貼る」の意味がある

check

動 点検する、阻止する、預ける
名 点検、阻止、小切手、請求書〈米〉
- Check, please. (お勘定お願いします)
- Would you like to check your coat?
  (コートをお預けになりますか)
  ホテルのカウンター等での会話です。
- Can I pay by check?
  (小切手で払ってもいいですか)

pay in cash
(現金で払う)

pay on credit
(クレジットで払う)
前置詞に注意。creditで信用貸しという意味がある

check in
チェックインする
- I checked in at the hotel.
  (そのホテルにチェックインした)

check out
チェックアウトする
- I checked out from the hotel.
  (ホテルをチェックアウトした)

note

名 手形、紙幣〈英〉、メモ、注釈
a ten-pound note (10ポンド紙幣)
make a note of ~ (~を書きとめる)
- I made a note of his telephone number before I forgot.
  (私は忘れないうちに彼の電話番号を書き留めた)

notepad
(**名** メモ帳)

notice

名 通知、掲示、張り札、予告
put up (= post) a notice
(掲示を出す)

郵便

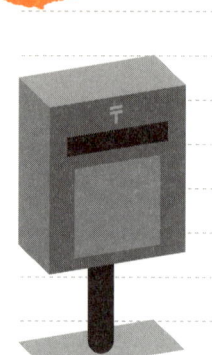

No. 008

send a letter
mail a letter
（手紙を送る）

dispatch a letter
drop a letter
（手紙を投函する）

mailbox
（郵便ポスト）

deliver mails
（郵便を配達する）

open a mail
（開封する）

- We mailed out bills.
（我々は請求書を郵送しました）

stamp
（切手）

postcard
（ハガキ）

address
（宛名）

return address
（差出人住所）

- I forgot to write the return address.
（差出人住所を書くのを忘れました）

zip code / postal code
（郵便番号）

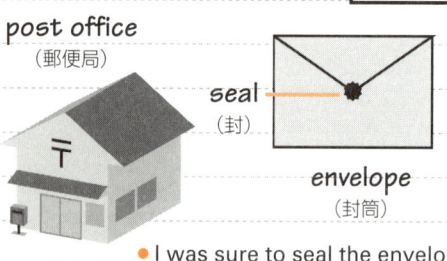

post office
（郵便局）

seal
（封）

envelope
（封筒）

letter
（手紙）

- I was sure to seal the envelope.
（私は確かに封筒に封をしました）

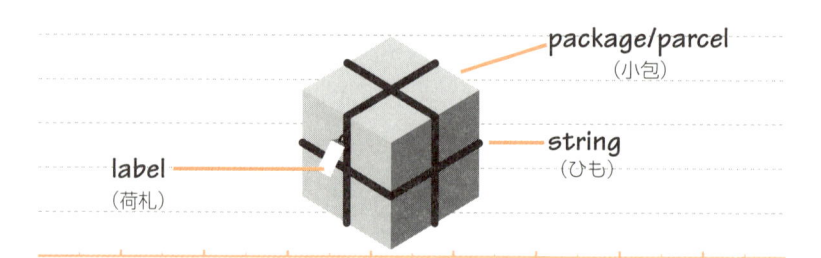

package/parcel
（小包）

string
（ひも）

label
（荷札）

dead letter
returned letter
(配達不能郵便物)

- This catalogue came by mail.
(このカタログは郵便で届きました)

mail drop
letter box
(郵便受け)

cancel a stamp with a postmark (消印を押す)
※ postmarkのみでもOK

put a stamp on the postcard
(ハガキに切手を貼る)

lick a stamp (切手をなめる(なめて貼る))

peel off a stamp (切手をはがす)

- Lawyers must follow the letter of the law.
(法律家は法の字句に従わねばならない)

send a package/parcel (小包を送る)

weigh a package/parcel (荷物の重さをはかる)

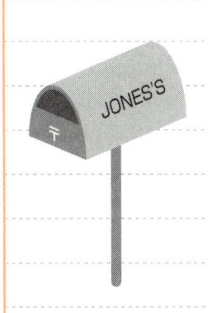

send by airmail (航空便で送る)

send by sea mail (船便で送る)

send a mail express
send by special delivery
(速達で送る)

send by regular mail (普通郵便で送る)

send by registered mail (書留で送る)

- Did you put a label on your luggage?
(荷物に荷札を貼り付けましたか)

mail bomb (郵便爆弾)

- A bomber sent me a mail bomb.
(爆弾魔が私に郵便爆弾を送ってきた)

money order
postal order
(郵便為替)

postage
(郵便料金)

postage due
(郵便料金不足)

25

No. 009 dressとdirect

dresser
名 (ある特別の)服装をした人、着付けをする人、飾り付けをする人、外科手術の助手、鏡台・食器棚
- She is a underground dresser.
（彼女は前衛的な服装をしている）

best dresser（ベスト・ドレッサー）
worst dresser（ワースト・ドレッサー）

-erをつけると

undress
動 衣類を脱ぐ、衣類を脱がせる
名 普段着、略装、裸

un-をつけると

dress up
正装する、扮装する
- I'll dress up as Peter Pan this evening.
（今夜はピーターパンの扮装をする予定です）

↕

dress down
地味な服装をする、普段着を着る

dress
名 服装、ドレス　形 礼装用の
動 服を着せる・着る、飾る、ドレッシングをかける、整列する
- All guests were fully dressed.
（来客全員が正装でした）
- You look bad in such a simple dress.
（そんな地味な服似合いませんよ）

ad-をつけると

address
名 (公式の)演説、手際の良さ、求婚、(ゴルフの)アドレス、住所
動 話しかける、呼ぶ、申し込む、(ゴルフで)アドレスする
- The governor made an inaugural address to citizens.
（知事は市民らに就任演説をした）

speech
名 (聴衆相手の)演説、発言、話法
- He fell silence as if he lost his speech.
（彼は口がきけなくなったかのように急に黙りこんだ）

funeral address（弔辞）
with address（手際よく）

direction

名 方向、指揮、指図、指示書

- Today I directed an old man to the Capitol.
（今日老人に国会議事堂への道を教えてあげました）

in the direction of ~（〜の方向に）
at the direction of ~（〜の指図で）
directions for use（使用法）

- Students are under the direction of teachers.
（生徒たちは教師らの監督下にある）

direct

動 指揮する、指図する、向ける、宛名を書く
形 まっすぐな、直接の、率直な
副 まっすぐに、直接に

- She raged about their direct insult to her.
（彼女は彼らの露骨な侮辱に激怒しました）

directory

（**名** 住所氏名録）

director

名 指揮者、指導者、管理者、重役、監督

- Today's board of directors is called off.
（今日の役員会は中止です）

dressing

名 着付け、仕上げ、ドレッシング、（傷の）手当て、包帯

- Come to headquarters if you need first-aid dressings.
（応急手当用品が必要な方は本部へ来てください）

telephone directory
（電話帳）

No. 010

money

money
名 お金

small money (小銭)
coin ⎫
hard cash ⎬ (硬貨)
hard money ⎭

$100 paper money ⎫
$1 bank note ⎬ (紙幣)
bill ⎭

まっとうなお金

ready money ⎫ (現金)
cash ⎭

- Please pay in cash, not by credit card.
  (カードではなく現金でお支払いください)

good money (大金、まじめに稼いだ金)
big money ⎫
a large sum of money ⎭ (大金)
earnest money
(手付金＝本気であることを示すもの)

- I can pay 1 million yen as earnest money.
  (手付金として100万円支払うことができます)

seed money (事業の元手)
pocket money (小遣い)
housekeeping money
(家計費)

- Lighting and heating expenses weigh housekeeping money.
  (光熱費が家計を圧迫しています)

貯める

savings (貯金)

- A little savings are better than nothing.
  (少しの貯金でもないよりはましです)

principal ⎫
capital ⎬ (元金)
corpus ⎭

interest (利子)
secret savings (へそくり)

- Please tell me how to save up secretly.
  (どうやってへそくりしているか教えて下さい)

nest egg (緊急時のためのたくわえ)
investment trust (投資信託)
bank account (銀行口座)
bank balance (銀行預金残高)

- She always worries over her bank balance.
  (彼女はいつも預金残高を心配しています)

危ないお金

counterfeit money（偽金）
counterfeiter（偽金づくり、偽造者）
easy money（あぶく銭・悪銭）
hush money（口止め料）
bribe（わいろ）
- The witness was bribed into perjury.
  （その証人は偽証のために買収された）

secret fund（秘密の資金）
settle with money（金で解決する）
- It's thoughtless of you to settle with money.
  （金で解決しようなんてあなたは軽率です）

under the table（袖の下を使って）
- I know that you have given him under the table.
  （あなたが彼に袖の下を使ったことは分かっている）

使う・なくなる

become penniless（すっからかんになる）
- You should give up gambling before you become penniless.
  （すっからかんになる前にギャンブルはやめたほうがいい）

be broke（破産している）
go broke（破産する）
bankruptcy（破産）
- After all she had to file for bankruptcy.
  （とうとう彼女は破産申請をしなければならなかった）

pay out of one's own pocket（自腹を切って払う）
throw money away（金をどぶに捨てる）
- You might as well throw money away.
  （そんなことをするなら、金をどぶに捨てた方がましだ）

go for broke（全財産をつぎ込む）
dissipate ）
squander ）（散財する）

ことわざ

- Money talks.
  （金がものを言う）
- Money comes and goes.
  （金は天下の回りもの）
- Money is the root of all evil.
  （金は諸悪の根源である）

No. 011 「減らす」と「増やす」

decrease

> じっくりやると減少する仕事の能率

動 減らす、減る
- The number of employees was decreased to 100.
（従業員数は100名に減らされた）

名 減少

on the decrease
（減少しつつ、減少して）
- The population of this city is on the decrease.
（この市の人口はしだいに減少してきている）

減らす
decrease, reduce, lessen, diminish

増やす
increase

---

diminish

動 減らす、減少する
- Depression diminished his wealth.
（不景気で彼の富は減少した）

reduce

re + duce → 引き戻す、後退する
back draw

動 減らす、減じる
- Accidents can be reduced by care.
（事故は注意さえすれば減らすことができる）

→ reduction
名 縮小、割引

increase

動 増す、増える、増やす

- The number of working mothers is increasing every year.
  = Working mothers are increasing in number every year.
  (働く母親の数が年々増えている)

名 増加

on the increase
(増加しつつ、増加して)

- There was a sudden increase in population.
  (人口が急増した)

同音 → **lesson**（**名** 勉強、けいこ、課、教訓）

lessen

動 少なくする、減らす

- The Japanese should lessen their working hours.
  (日本人は労働時間を減らすべきだ)

→ **less** **形** より少ない

---

duce = lead (導く)、draw (引く)

produce

|pro| + |duce| → 前に導き出す → **動** 生産する
forward

→ **production** **名** 生産、製作、産物
→ **producer** **名** 生産者、製作者
→ **product** **名** 生産物、結果

introduce

|intro| + |duce| → ～の中へ導き入れる → **動** 導入する、紹介する
inter

→ **introduction** **名** 導入、紹介

No. 012 「変える」と「保持する」

modify 〔部分的〕
動 緩和する、修正する、修飾する
- The car is modified for racing.
（その車はレース用に一部改造された）

transform 〔外形等を根本的に〕
trans + form → 横切って形作る
across
動 一変させる
- The beast was transformed into a prince.
（その野獣は王子に変身した）

変える
change, transform, alter, modify, vary
保持する
preserve, conserve

vary 〔段階的〕
動 変わる、異なる、変える
- The prices of vegetables vary from day to day.
（野菜の値段は日ごとに変わる）
→ **variation**
名 変化、差異
→ **various**
形 様々な
→ **variety**
名 変化（に富むこと）、多様性
- Variety is the spice of life.
（変化があってこそ人生は楽しくなる）

alter 〔部分的〕
※折れた（オルタ）バットはすぐ変える
動 変える、変わる
- I had the coat altered by a tailor to fit me.
（体に合うように上着を洋服屋に直してもらった）
→ **alternative**
形 二者択一の、代替の
名 選択すべき二者（以上）の一つ、代替手段

+ ex exchange (他のものと)

動 交換する、両替する、取り交わす

- The children exchanged presents at the Christmas party.
（子供たちはクリスマスパーティーでプレゼントを交換した）

名 交換、両替
foreign exchange（外国為替）
exchange rate（為替相場）
exchange student（交換学生）

change (一般的)

動 変化させる、交換する、両替する、乗り換える、変化する

- Would you change Japanese yen into the U.S. dollars?
（日本円をアメリカドルに交換していただけませんか）
- Please change trains at Shin-Osaka.
（新大阪で電車を乗り換えてください）
- In Japan, traffic lights change from green to amber.
（日本では信号は青から黄色に変わる）

名 変化、交換、つり銭、小銭

- Keep the change.
（おつりは取っておいてください）

→ **changeable**
形 変わりやすい、きまぐれな

→ **change-up**
名 （野球の）チェンジアップ

preserve

pre + serve → 前もって保つ
before keep

動 保存する、保持する

- My eighty-year-old grandfather is well preserved.
（80歳になる祖父は十分な健康を維持している）

serve = keep (保つ)

conserve

con + serve → 共に保つ
together

動 保護する、保存する

※ 監査部低部は保守的

→ **conservative** ↔ **progressive**
形 保守的な　　　　**形** 進歩的な

reserve

re + serve → 後に保っておく
back

動 取っておく、予約する
名 蓄え、遠慮

→ **reservation**　**名** 保留、予約
make a reservation（予約する）

No. 013 耐える

耐える
endure, bear, tolerate, stand, put up with

put up with (口語的)
がまんする

tolerate
動 耐える、大目に見る
- How can you tolerate his rude manners?
  (よく彼の無礼な態度にがまんできるね)
- → tolerant
  形 寛大な ＝generous
- → tolerance
  名 寛容、忍耐力

endure (長期にわたって苦難に)
動 耐える、持ちこたえる
- I cannot endure to listen to your insults any longer.
  (もうこれ以上、きみの侮辱を聞くのはがまんがならない)
- → endurance
  名 忍耐

stand (日常語)
動 がまんする、立たせる、立っている
stand out (目立つ)
stand by (そばにいる)
stand for ~ (〜を表す＝represent)
- 'the U.N.' stands for 'the United Nations'.
  (U.N.はthe United Nations (国連)の略語である)

名 スタンド、台、屋台(店)、抵抗

sta = 立つ
| sta | tus |
立っている状態→ 名 地位

| sta | tue |
立っているもの→ 名 彫像
statue of Liberty (自由の女神像)

| sta | ture |
立っている高さ→ 名 身長

| ob | + | sta | + cle |
against
対抗して立っているもの
→ 名 障害物

bear

（じっと耐える 一般語）

(bear — bore — borne / born 〈生むの時〉)

動 支える、身につける、運ぶ、耐える、生む

- The letter bears a French stamp.
（この手紙にはフランスの切手がはってある）
- I cannot bear you to treat her like that.
（君が彼女をそんなふうに扱うのにはがまんができない）
- I was born in Tokyo on April 1,1980.
（私は1980年4月1日に東京で生まれた）

名 クマ

patience ⟷ impatience

名 忍耐　　　　**名** じれったさ

lose one's patience = run out of patience
（がまんしきれなくなる）

the patience of Job
（たいへんな忍耐）

（がまん強い患者）

→ **patient**
形 がまん強い
名 患者

visit a patient
（病人を見舞う）

⟷ **impatient**
形 もどかしがって、がまんできない、性急な

be - for A （Aを待ちかねている）
be - to do〜 （したくてたまらない）

- He was impatient to see his girlfriend.
（彼は恋人に早く会いたくてたまらなかった）

No. 014 「受諾」と「拒否」

foster
(他 里親になる)

admit
あ、富と情で入れる学校

動 入れる、認める
- He was admitted to the school.
（彼はその学校に入学を許可された）
→ **admission**
名 入場〔入会・入学〕許可、入場料

adopt

動 採用する、養子にする
- They adopted the customs of foreign countries.
（彼らは諸外国の習慣を取り入れた）
→ **adoption**
名 採用、養子縁組

受け入れる
adopt, admit, accept, receive
断る
decline, refuse, reject, turn down

---

accept
納得、同意の気持ちで

| ac | + | cept | → ～に対して受け取る |
| ac,ad = to | | take | |

動 受け入れる、認める
- I accept your invitation with great pleasure.
（ご招待喜んでお受けいたします）
→ **acceptance**
名 受け入れる〔られる〕こと

-cept = take（取る）

concept
| con | + | cept | → 心に共に取り入れる |
| together | | | |

↓

名 概念

except
| ex | + | cept | → 外に受け取る |
| out | | | |

↓

前 ～を除いて

バレーボールや
テニスのレシーブ

機械的に

receive

re + ceive → 取り戻す → 受け取る
back　take

動 受け取る、受け入れる、迎える

- I received your letter yesterday.
（昨日あなたの手紙を受け取りました）

→ **receipt** ※pは発音しない!
名 受領、受領書

→ **reception**
名 歓迎会

→ **receiver**
名 受取人、受話器

- ceive = take（取る）

conceive

con + ceive → 心に共に取り入れる
together　　　↓
動（考えを）抱く
　　　想像する

refuse

動 断る、与えることを拒絶する

- The door refused to open.
（そのドアはどうしても開かなかった）

→ **refusal**
名 拒否

turn down
断る、折りたたむ、弱める、細くする

- cline = lean (傾く)

軸ラインが傾く
設計を断る

decline

de	+	cline
down		lean

→ 下へ傾く

動 断る、衰える
名 下落、衰え

- Thank you for the offer, but I'm afraid I have to decline.
（お申し出はありがたいのですが、お断りしなければなりません）

incline

in	+	cline
to		

→ ～のほうに傾く
↓
動 心が傾く

be inclined to ~
（～したい気がする、～する傾向がある）

リクライニングシートのリクライン

recline

re	+	cline
back		

→ 後ろに傾く
↓
動 もたれる、もたせかける

reject

re	+	ject
back		throw

→ 後へ投げる
動 拒絶する

- He was rejected by his girlfriend.
（彼は恋人に捨てられた）

ject

- ject = throw

project

pro	+	ject
forward		

→ 前方へ投げる
↓
名 計画
動 計画する、投影する

inject

in	+	ject

→ ～の中へ投げる
↓
動 注入（注射）する

object

ob	+	ject
towards		

→ ～に対して投げつける
↓
動 反対する
名 物体、対象、目的

→ **objective** ↔ **subjective**
形 客観的な　　　形 主観的な

decline 丁重に < refuse きっぱりと < turn down, reject 断固として

Don't be so distant.

「みずくさいぞ」

直訳すると「そんなに遠くであるな」「そんなに遠いところにいるな」とでもなるでしょうか。distantは、確かに物理的な距離が遠いことを表しますが、心理的な距離や付き合いの深浅を表現することもあります。
口語で上記のように言うのが一般的です。また非常にフランクで明るい印象を与える言い方です。他に次のように表現することもできます。

> ①**You are very polite.**
> 　（あなたは礼儀正しいですね→皮肉っぽく言うと、みずくさい、のニュアンスがでる）
> ②**Don't be so reserved.**（直訳すると、そんなに遠慮するな）
> ③**You are too reserved.**（直訳すると、遠慮しすぎだよ）
> ④**You are not frank with me.**（直訳すると、僕に対して率直じゃないね）
> ⑤**Don't be so formal with me.**
> 　（直訳すると、そんなに形式的になるなよ）
> ⑥**Don't stand on ceremony with me.**
> 　（直訳すると、そんなに儀式的になるなよ）

少したくさん出し過ぎましたね。
politeやreserveの単語を確認しながら、①②だけ覚えることもできます。
なおdistantという英単語も大切ですね。

> ①**distant**（形 遠い）
> ②**distance**（名 距離、遠さ）
> ③**in the distance**（遠くに）
> ④**at a distance**（少し離れて）
> ⑤**from a distance**（遠くから）

例文を出しておきましょう。
Mt. Fuji is more beautiful when you see it from a distance.
（富士山というのは、遠くから見たほうがきれいです）
You can see a beautiful tree in the distance.
（遠くに一本の美しい木が見えます）

No. 015 集める

> 汗ぶる ぶるかいて 金集める

assemble

動 集合させる、組み立てる、集合する

- The students assembled 〔were assembled〕 in the auditorium.
  (学生は講堂に集まった)

→ **assembly** **名** 会議、集会
→ **assemblyman** **名** 議員

人を1カ所に

集める
assemble, gather, collect

会合

meeting
名 会
break up meeting（閉会する）

council
名 審議会、協議会
Security Council（安全保障理事会）
student council（学生自治会）

conference
名 相談、会議
- Prime minister Koizumi attended the summit conference.
  (小泉首相は首脳会議に出席した)

convention
名 大会、慣習、協定

Congress
名 （アメリカの）国会・議会
英国 → Parliament　日本 → the Diet

gather

(何でもかんでも)

動 集める、摘む、しだいに増す、察知する、憶測する、増す

- The sight soon gathered a crowd.
  (その光景を見るためにすぐにたくさんの人が集まった)
- The typhoon was gathering strength.
  (台風はしだいに勢力を増していった)

collect

(注意深く選んで気に入ったものを)

col + lect → 選んで一緒にする
together choose

動 集める、集まる、徴収する

collect stamps (切手を収集する)

- The milkman visits us once a month to collect.
  (牛乳屋は月1回集金に来る)

形 料金受け取り人払いの

collect call (料金受信人払い電話)

→ **collection** 名 収集、収集物
→ **collector** 名 収集家

類音

correct
(形 正しい / 他 訂正する)

lect

- lect = choose (選ぶ)

elect

e + lect → 選び出す → 動 選出する
ex = out

→ **election** 名 選挙

select

se + lect → 動 選ぶ 形 精選した

→ **selection**
名 選択、選ばれた人

neglect

neg + lect → 選ばない → 動 無視する、怠る 名 怠慢
not

No. 016 「つかむ」と「理解する」

grasp
しっかりと

動 つかむ、理解する
- Grasp all, lose all.
（全てをつかもうとすれば、全てを失う → あぶはち取らず）〈諺〉

名 つかむこと、理解

grip
ラケットのグリップ / *graspよりさらに強く*

動 握る
- He gripped her arm, restraining her.
（彼は彼女の腕をぐっとつかんで押しとどめた）

名 握ること、理解（力）、制御力

つかむ
grasp, grip, grab, seize

理解する
understand, perceive, comprehend

---

grab
荒っぽく無遠慮に

動 ひっつかむ、横取りする、つかもうとする
- He grabbed her handbag and ran.
（彼は彼女のハンドバッグをひったくって逃げた）

名 ひっつかむこと

glove	**名** 手袋、グラブ
globe	**名** 地球
grove	**名** 小さな林

seize
しーずかに医者は手をつかむ / *突然力を入れて*

動 つかむ、襲う、つかむ
- A policeman seized the thief by the arm.
（警官は泥棒の腕をつかまえた）

→ seizure
名 つかむ（つかまえられる）こと

42

perceive

パシーブ
葉渋い茶と知覚する

per	+	ceive
thought		take

→完全につかむ

動 知覚する、理解する

- On my entering, they perceived me at once.
  (入っていくと、彼らはすぐに私に気がついた)

→ **perception**
名 知覚

comprehend

コンプリヘント
混むふり変と痴漢の手口理解する

動 理解する、包含する

- I could not comprehend his meaning.
  (私には彼の言葉の意味が理解できなかった)

→ **comprehension**
名 理解(力)

→ **comprehensive**
形 包括的な

understand

動 理解する、分かる

make oneself understood
(自分の言うことを人に分からせる)

- Can you make yourself understood in French?
  (フランス語で用が足せますか)

→ **understanding**
名 理解、知識、理解力、意見の一致
形 物分かりのよい

- My husband is understanding.
  (私の夫は理解がある)

No. 017 「元気づける」と「元気をなくさせる」

animate
アニメ(アニメイト)父さんを元気づける

動 活気づける
- His arrival animated the whole party.
（彼の到着で一行は元気づいた）

→ **animation**
名 生気、活発、動画、アニメ

元気づける
animate, inspire, stimulate

元気をなくさせる
depress

---

stimulate

動 元気づける、刺激する
- Demand stimulates production.
（需要は生産を活発にする）

→ **stimulation**
名 刺激、激励

→ **stimulus** ↔ **response**
名 刺激（物）　**名** 反応、応答

- A stimulus causes a response.
（刺激は反応を引き起こす）

respond
動 反応する、返答する

inspire

動 奮い立たせる、起こさせる
- Success inspired her to work harder.
（彼女は成功したため、ますます奮起して勉強した）

→ **inspiration**
名 霊感（ひらめき）

不景気

recession
名 景気の一時的な後退

→ **recess**
名 休憩
動 くぼみをつくる、休会する、休校になる

slump
名 不景気、暴落、不振、不調、スランプ
動 暴落する、人気が落ちる

（日本語化しているスランプ）

slack
形 ゆるい、不注意な、不景気な

stagnation
名 不振、不景気

stagnation + inflation
→ **stagflation**
（不景気なのにインフレの状態）

↔ **prosperity** 名 好景気、繁栄

depress

de + press → 押し下げる
down
動 元気をなくさせる、不景気にする

- She was depressed after her exam results.
  （彼女は試験の結果が分かって以来ふさぎ込んでいた）

→ **depression**
名 不景気、憂うつ
the Great Depression
（世界大恐慌〈1929〉）

- press = 押す

express

ex + press → 外に押す
out
↓
動 表現する
形 急行の ↔ local
express train（急行列車）
明確な
名 急行、速達
by express（速達で）

→ **expression**
名 表現、表情

impress

im + press → ～の上に押す
on
↓
他 印象を与える

→ **impression**
名 印象

- First impressions are the most lasting.
  （第一印象は最後まで消えない）

→ **impressive**
形 強い感銘を与える

pressure

press + ure → 押すこと
↓
名 圧力、圧迫
動 圧力をかける
blood pressure（血圧）
atmospheric pressure（気圧）

No. 018 天気

sun
名 太陽、日光

sunflower (ヒマワリ)
sunburn (〈ひりひりする〉日焼け)
suntan (〈健康的な〉日焼け)
sunlight (日光)
sunshine (ひなた、日光)

→ **sunny**
形 明るく日のさす、陽気な

sunny weather (晴れ)
sunny-side up (目玉焼き)
fair weather (晴れ)
clear weather (快晴)
clear up (晴れ上がる)

cloud
名 雲

- Every cloud has a silver lining.
（どんな雲にも銀の裏張りがついている → 物事は悪いことばかりでないから絶望するな）〈諺〉

→ **cloudy**
形 くもった

be partly cloudy
（ところによりくもり）

<フロスト>
風呂ストで霜やけできる

frost
(**名** 霜)
fog, mist
(**名** 霧、もや)
haze
(**名** かすみ、もや)

rain
名 雨　**動** 雨が降る

- It's going to rain.
（今にも雨が降りそうだ）

rainfall (降雨量)　rainstorm (暴風雨)
rain forest (熱帯雨林)　rainbow (にじ)

→ **rainy**
形 雨の＝wet

shower (にわか雨)　drizzle (細雨、しぐれ)
hail (あられ、ひょう)　thunder (雷鳴)
flood (洪水)　tsunami (津波)
tidal wave (高潮)

weather

名 天気

weather bureau (気象庁)

weather map ⎫
weather chart ⎭ (天気図)

weather satellite (気象衛星)

weather station (気象台)

weathercock (〈風見鶏の〉風向計)

weather vane (風見)

weather forecast
(〈新聞、テレビの〉天気予報)

weather report
(〈テレビ、ラジオの〉天気予報)

- They gave a right weather forecast yesterday.
  (昨日の天気予報は当たった)

weather forecaster (天気予報官)

weather permitting (天気が良ければ)

- Weather permitting, I'm going to go fishing tomorrow.
  (天気が良ければ、明日釣りに行く予定だ)

snow

名 雪
動 雪が降る

snowball fight (雪合戦)
snowman (雪だるま)
snowfall (降雪量)

→ **snowy**
形 雪の降る

snowy country (雪国)

→ **thaw**
名 雪どけ
動 融ける、融かす

wind

名 風

- It is an ill wind that blows nobody good.
  (だれの得にもならないような風は吹かない → 泣く者があれば笑う者もある)〈諺〉

Gone with the wind
(「風と共に去りぬ」)

動 曲がる、巻く、回す

→ **windy**
形 風の吹く、風の強い

breeze
(**名**〈ここちよい〉微風)

blast, gust
(**名** 突風)

tornado
(**名** 竜巻き)

No. 019 「得る」と「失う」

acquire
〔長い時間をかけて知識等を〕

動 獲得する、習得する
- The mother tongue is acquired without any formal teaching.
（母語は正式に教えなくても習得される）

Acquired Immune Deficiency Syndrome（エイズ〈AIDS〉）

→ **acquisition**
名 獲得、習得、得たもの

procure
〔プロ級はいつもトロフィーを獲得する〕

動 獲得する
- He procured me a nice position.
（彼は私にいい就職口を見つけてくれた）

得る
acquire, obtain, gain, procure

失う
lose

obtain
〔努力して何かを〕

ob + tain
強意　hold → しっかり手に持つ

動 得る、入手する
- She obtained that vase at a secondhand store.
（彼女はその花びんをリサイクルショップで入手した）

> ルーズソックス、時間にルーズのルーズ

loose ※「ルース」発音に注意!

形 解放された、ゆるい、だらしない、節度のない

loose-leaf（ルーズリーフ）

- She wears her hair loose.
（彼女は髪を垂らしている）

> 大きな努力の末 望みのものを

gain

動 得る、稼ぐ（＝earn）、増す、時計が進む、利益を得る、増加する

- He gained the respect of his friends.
（彼は友人たちの尊敬を得た）

名 利益、収益金

- No gains without pains.
（骨折りなければ利益なし）

lose (lose - lost - lost)

動 失う、負ける、時計が遅れる、損をする

lose one's way = be lost（道に迷う）

- This clock loses two minutes a day.
（この時計は1日に2分遅れる）

→ **loser**
名 負ける人、負けた人

- Losers are always in the wrong.
（勝てば官軍負ければ賊軍）〈諺〉

→ **loss**
名 失うこと、損失、敗北

be at a loss（途方にくれる）

- tain = hold （持つ、保つ）

contain

con + tain
together → 一緒に持つ → **動** 含む

→ **container** **名** 容器
→ **content** **名** 中身・内容、目次　**形** 満足して

entertain

enter + tain
inter → 間を保つ、とりもつ
↓
動 楽しませる、もてなす、心に抱く

→ **entertainment** **名** もてなし、娯楽

No. 020 lateについて

形 前の、先の、故〜(亡くなった人に使う)

her late husband → ex-husband
彼女の亡夫　　　　先夫(生きている)
(ex- =「出ていった」)

former
前の、先の、元の(生死は関係ない)
former president (前大統領)

deceased [disi:st]
死去した(最近亡くなった人について)
the deceased (故人)

形 遅れた、おそい、後期の、末期の

- The train is 10 minutes late.
  (列車は10分遅れている)

be late for ~
(〜に遅れる)

a late riser
(朝寝坊)

late spring
(晩春)

(原級) late

副 遅れて、遅くまで

arrive late for ~
(〜に遅れて到着する)

- Better late than never.
  (遅れてもしないよりまし)〈諺〉

study late
(夜遅くまで勉強する)

lately

副 近頃、最近

- I haven't seen him lately.
  (最近彼を見かけない)

of late (最近)
recently (最近)

afterwards
（副 後に）

↔

beforehand
（副 形 あらかじめ）

副 後に、あとで
- See you later.
（またね）
a little later
（その後しばらくして）
much later
（ずいぶん後で）

up-to-date
（形 最新の）

（比較級）**later**　　（最上級）**latest**

形 後の、後期の
later on
（後で、追って）
sooner or later
（遅かれ早かれ）

形 最も遅い、最新の、最近の
the latest fashion
（最近の流行）

at the latest
（遅くとも）

the latest
（最近のこと、最新の）

十二支

No. 021

十二支
- the Rat (子)
- the Ox (丑)
- the Tiger (寅)
- the Hare (卯)
- the Dragon (辰)
- the Serpent (巳)
- the Horse (午)
- the Sheep (未)
- the Monkey (申)
- the Cock (酉)
- the Dog (戌)
- the Boar (亥)

dog
(bark わんわん / whine くんくん)

犬

bitch (雌犬)
hunting dog (猟犬)
doghouse (米) ＝ kennel (犬小屋)
puppy (子犬)
guard dog (番犬)

※ 犬寝る犬小屋
　　　　ケンネル

十二支
the twelve zodiac signs in Chinese astrology

- This is the year of the Sheep in Chinese astrology.
  (今年の干支は未です)
- I was born in the year of the Rat.
  (私は子年生まれです)

wild boar
イノシシ

rat
(squeak)

(大型の)ネズミ

mouse (複 mice) (ハツカネズミ)
- When the cat's away, the mice will play.
  (猫のいない間にネズミが遊ぶ ➡ 鬼のいぬ間に洗濯)

cat
(mew / miaow)

猫

kitten (子猫)
- It is raining cats and dogs.
  (雨がどしゃ降りに降っている)

ox
(bellow / moo)

(複 oxen) 雄牛

cow (雌牛)
calf (複 calves) (子牛)

※ l は発音しない
bull (野牛)
bulldog (ブルドッグ)
bulldozer (ブルドーザー)
cattle (群れをなしている牛)
beef (牛肉)
- He milked the cows.
  (彼は牛の乳を搾った)

cock (crow)

おんどり〈米〉、rooster〈英〉

hen (めんどり) — peep, cluck

chicken
鶏、ひよこ、鶏肉、臆病者

- This is like the problem of which comes first, the chicken or the egg.
(これは鶏が先か卵が先かという問題と同じだ)

monkey

サル
ape (〈尾のない〉サル、類人猿)
monkey business (いんちき)

hare

野ウサギ
rabbit (ウサギ)
rabbit hutch (ウサギ小屋)

sheep — bleat

(単複同形) 羊
ram (雄羊)　　ewe (雌羊)
lamb (子羊)　　mutton (羊肉)
※bは発音しない

- One may as well be hanged for a sheep as a lamb.
(子羊を盗んで絞首刑になるくらいなら親羊を盗んで絞首刑になるほうがましである → 毒を食らわば皿まで)〈諺〉

tiger

(メス tigress) トラ

- Tigers leave only their skins when they die, but through his achievements a man's name lives on.
(虎は死して皮を留め、人は死して名を残す)〈諺〉

dragon

竜

serpent

ヘビ (大ヘビ、毒ヘビ)
snake (ヘビ〈一般語〉)
snake charmer (ヘビつかい)
snake dance (ジグザグ行進〔デモ〕)

→ snaky
形 ヘビの、ヘビのように曲がりくねった

horse — neigh ヒヒーン / whinny 低く

馬
colt (雄の子馬)
filly (雌の子馬)
ride a horse (馬に乗る)
mount a horse (馬にまたがる)
horse racing (競馬)
horseflesh = horsemeat (馬肉)

- You can lead a horse to water, but you cannot make him drink.
(馬を水際まで連れていくことはできても、水を飲ませることはできない → チャンスを与えてやっても本人にその気がなければどうしようもない)〈諺〉

No. 022 「上がる」と「下りる」

「上がる」「登る」の一般語

go up
上る、建つ、(値段・温度が)上がる
- He went up in a balloon.
  (彼は気球に乗って上昇した)
- Her temperature went up last night.
  (彼女は昨夜熱が出た)

「徐々に、堂々と」の意

ascend ⟷ descend

ascend
動 登る、上がる
- The airplane ascended into the cloud.
  (飛行機は上昇して雲の中に入った)
→ **ascent**
同音 名 上昇、上り坂
assent
名 同意 動 同意する

descend
動 下る、下り坂になる、伝わる
- The river descends to the sea.
  (その川は海へ流れ下る)
→ **descent**
名 下降、下り坂、家系
→ **descendant** ⟷ **ancestor**
　　名 子孫　　　　　名 先祖

rise (rise-rose-risen)

動 (太陽、月、星が)昇る ⟷ 沈む set (set-set-set)
- The sun rises in the east. (太陽は東から昇る)

↑ × from　**sunrise** ⟷ **sunset**
　　　　　　日の出　　　日没

増す、あがる
- Prices rose by 10% after the war (戦争後、物価が10%上昇した)

立ち上がる、起きる(＝get up)、そびえたつ、出世する
rise to fame (名声をあげる)　　rise to power (権力を握る)

名 上がること、上昇、上り道

go down

下りる、(値段、温度、質が)下がる、
(物、飛行機が)落ちる、(太陽、月が)沈む

go down by the elevator
(エレベーターで下りる)

上がる
**rise, ascend,
go up, climb**

下りる
descend, go down

手足を使って
一歩一歩よじ登る

climb

動 登る、上り坂になる、上る
- He fell while climbing the tree.
 (彼は木によじ登っていて落っこちた)

名 登る〔昇る〕こと

raise

動 あげる
- "Raise the Titanic!"
 (「沈没したタイタニック号をあげよ」)
- He raised his hand to ask questions.
 (彼は質問するために手をあげた)

高くする、(声を)荒らげる、強める、(質問等を)提出する、
育てる(=bring up)、栽培する
- He was born and raised in Kobe.
 (彼は神戸で生まれ育った)

集める

名 昇給

捨てる

abandon 「見捨てる」の一般語

動 見捨てる、断念する＝give up
- I have abandoned the idea of buying a car.
（私は車を買う考えを断念した）

捨てる
abandon, forsake, throw away, desert, discard

discard

動 捨てる
- They should discard their old faith.
（彼らは古い信仰を捨てるべきだ）

forsake

動 見捨てる
- My old friend forsook me.
（旧友が私を見捨てた）

動 やめる、断念する

throw away

動 投げ捨てる

throw one's pride away
（プライドを捨てる）

ごみ

garbage
（台所から出る生ごみ）

trash 〈米〉, **rubbish** 〈英〉
（紙、木片、ぼろ等小型で水気のないごみ）

refuse
（大きな廃棄物）

litter
（道路に散らかった紙くず、空きびん・空き缶）

desert

見捨ててはいけないもの
（家族等を）見捨てる
非難の意味合い

de + sert → つながりをばらばらにする
分離　つなぐ
→ 動 見捨てる

- How could he desert his wife and children?
（彼はよくも妻と子供たちを捨てられたものだ）

動 逃亡する
→ つながりをたたれた場所
→ 名 砂漠

同音

dessert

デザート
apple pie（アップルパイ）
cake（ケーキ）
pudding（プリン）
ice cream（アイスクリーム）
sherbet（シャーベット）
jelly（ゼリー）
mousse（ムース）
soufflé（スフレ）
tart（タルト）
sundae（サンデー）

pick up

拾い上げる

- He picked up his hat.
（彼は帽子を拾い上げた）

車で迎えに行く

- I'll pick you up at your house at six.
（君の家に6時に車で迎えに行くよ）

No. 024 経済

economy

名 経済
national economy (国家経済)
domestic economy (家計)

名 節約
practice economy (倹約する)
economy of time and energy (時間と労力の節約)
economy class (エコノミークラス)
- We need two economy class seats. (エコノミークラスを2席お願いします)

economy-size (徳用サイズ)
a man of economy (倹約家)

economic

形 経済(上)の、経済学(上)の
economic policy (経済政策)
economic theory (経済理論)
economic blockade (経済封鎖)
economic development (経済発展)
economic growth (経済成長)
economic giant (経済大国)
economic standard (経済水準)
- Asian countries are trying to attain Japan's economic standard. (アジア諸国は、日本の経済水準に追いつこうと努力している)

economic activity (経済活動)
economic sanction (経済制裁)
economic analyst (経済評論家)
economic principles (経済学原理)

economical

形 経済的な　economical article（徳用品）
economical shoppers（買い物上手な客）
be economical of A（Aをむだにしない）
- He is economical of time.
（彼は時間をむだにしない）

economically

副 経済的に
- Use the gasoline economically.
（ガソリンを経済的に使いなさい）

economics

名 経済学
- I'm majoring in economics.（私は経済学を専攻しています）

macroeconomics（マクロ経済学）
microeconomics（ミクロ経済学）
economist（経済学者）

経済関連語

Gross National Product（GNP）（国民総生産）
Gross Domestic Product（GDP）（国内総生産）
supply and demand（需要と供給）
depression（不況）
the Great Depression（世界大恐慌）
deflation（デフレ）
inflation（インフレ）
stagflation（スタグフレーション）
　↑ stagnation + inflation
　　停滞　　　インフレ

No. 025 顔、頭、ひげ

- We planned for the game eyeball to eyeball.
  (私たちは顔をつき合わせて戦略を練りました)

bushy hair（ふさふさした髪）
thin hair（薄い髪）
bald head（はげ頭）
wig（かつら）
hairpiece（部分かつら）

temple（こめかみ）
eyeball（眼球）
eye（目）
nose（鼻）
the bridge of the nose（鼻柱）
the hole of the nose（鼻の穴）

- He raised his eyebrow at my slip of the tongue.
  (彼は私の失言に眉をひそめました)

snivel（鼻水）
snort（鼻息）
slaver（よだれ）
saliva（唾液）
mole（ほくろ）
tongue（舌）
bad breath（口臭）

- When I sniveled, she told me to blow my nose.
  (私がはなをすすると彼女ははなをかむように言いました)

- His bad breath is unbearable.
  (彼の口臭は耐えがたい)

hairline（はえぎわ）
eyebrow（眉）
forehead（額）
eyelashes（まつげ）
the middle of the eyebrows（眉間）
sideburns（もみあげ）
ear（耳）
dimple（えくぼ）
earlobe（耳たぶ）
cheek（頬）
jaw（あご）
square-jawed（えらが張っている）
chin（あご）
double-chinned（二重あごの）

- It's fashionable among young women to wear a wig.
（若い女性の間でかつらをつけるのが流行しています）

- She can weigh 1kg to a hairline without scales.
（彼女ははかりなしで正確に1kgを量ることができます）

- People say that plump ears bring happiness.
（福耳は幸運をもたらすといいます）

scar（傷跡）
- I can tell her from her twin sister by a scar on her forehead.
（私は彼女と双子の妹を額の傷跡で見分けることができます）

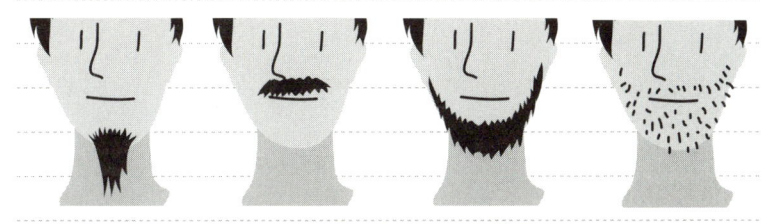

goatee	mustache	beard	unshaven face
（やぎひげ）	（口ひげ）	（あごひげ）	（無精ひげ面）

- That old man who has mustaches is my lawyer.
（あの口ひげを生やしている老人が私の弁護士です）

fendとfence

fender

名 フェンダー（緩衝装置）、ストーブの囲い

- Americans don't mind that their car's fender is scratched.
（アメリカ人は、自分の車のフェンダーに傷ができても気にしません）

-erをつけると

もとは同じ

fend = fence

動 受け流す、かわす

※ de- がなくなっただけ

- He fended off reporter's attack nicely.
（彼はうまく記者たちの非難をかわしました）

名 障害物、フェンス
動 囲いをする、受け流す、フェンシングをする

- It took two days to put a stone fence around the yard.
（敷地の周りに石垣をめぐらすのに2日かかりました）

こちらは反対

defend

動 守る、弁護する

※ 原義は「撃退する」
「分離、逆転」の接頭語 de + fend

- Our mission is to defend our country against enemy countries.
（我々の使命は敵国から我が国を守ることです）

反対語

defense

名 防衛、守備
ディフェンス
弁護
被告側

- He made a defense mightily for me.
  (彼は私のために力強い弁護をしてくれました)

defendant
(**名** 被告)

plaintiff
(**名** 原告)

prosecution
(**名** 検察側)

こちらは反対

offense ※offence〈英〉

名 違反、反則
軽犯罪
侮辱
攻撃

- I must pay a $100 fine for a traffic offense.
  (交通違反で100ドルの罰金を払わなければいけない)

offend

動 怒らせる、傷つける、法・罪を犯す
※原義は「打つ」
「〜に向かって」の接頭語of + fend

- I was offended at his dirty joke.
  (彼の下品なジョークに腹がたちました)

offending
(**形** 腹立たしい、不愉快な)

offensive
(**形** いやな、攻撃の **名** 攻撃)

offender
(**名** 犯罪者、無礼者)

No. 027 — even と odd

level
- 名 水平面、レベル、(地位などの)標準
- 形 水平な、対等の
- 動 水平にする
- On a serious level, we talk about breaking prison.
（冗談はさておき、脱獄について話そう）

実はlevelが原義

even
- 副 ～でさえ / さらに / それどころか / まさに
- 名 夕べ
- 形 平らな / 規則正しい / 偶数の / 対等の / 公平な
- 動 平らにする / 安定する

eveningと同じ
この短縮形がeve（前夜）
Christmas Eve（クリスマスイブ）
New Year's Eve（大晦日）

equal
- 形 等しい、対応できる
- 名 同輩
- 動 匹敵する

＝

equivalent
- 形 同等の、相当する
- 名 同等のもの

- This is a ring equivalent to three months' salary.
（これは給料の3ヶ月に相当する指輪です）
- He's quite equal to me in career.
（彼は経歴については私と互角です）

oddからできた3つの名詞

名 oddity
風変わり、偏屈
異常な行為

名 oddment
残りもの

名 oddness
奇妙・風変わり

- It's odd that she speaks ill of others.
（彼女が人の悪口を言うなんて変です）
- My sister's charm is her oddness, not her beauty.
（私の妹の魅力は彼女の風変わりなところであって、美しさではありません）

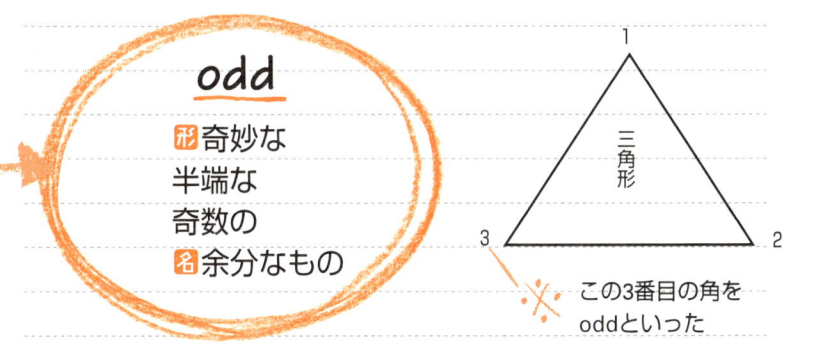

odd

形 奇妙な
半端な
奇数の
名 余分なもの

三角形

この3番目の角を oddといった

odds
（名 差、勝ち目、賭けの歩、オッズ）

odd and (or) even
（丁か半か、だれでも、どちらでも）

even Stephen 〔又はevens Stephens〕
（対等に、対等の）

線の種類

No. 028

straight line — 直線

まっすぐな
きちんとして
連続した
ホモ（レズ）でない

straight A（オールAの成績）
straightedge（直線定規）
straight face（まじめくさった顔）

- It's difficult to draw a straight line without ruler.
（定規なしで直線を引くのはむずかしい）

curve(d) line — 曲線

曲がる、曲げる
曲線、曲線美
相対評価
ごまかし

- He threw a curve and struck out.
（彼はカーブを投げて三振をとりました）

wavy line — 波線

波状の
揺れ動く

- When I see the wavy sea, I feel exciting.
（波立つ海を見るとワクワクします）

wave 波、波動、ちぢれ
大波 → billow
さざ波 → ripple
うねり → swell

oblique line

斜線
斜めの
遠まわしの
ごまかしの

- They couldn't accept oblique dealings.
（彼らは不正取引を容認できなかった）

parallel lines

平行の、平行線

- There's no parallel to the athlete.
（その選手に匹敵するものはありません）

並列の
parallel circuit（並列回路）

類似
parallel between A and B（AとBの類似点）

diagonal line

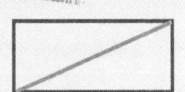

対角線、斜線
対角線の、斜めの
あや（綾）の

※ 接頭語 dia- = through

horizontal line

地(水)平線上の、水平な
水平位置
> horizonの形容詞形
> 地平線・水平線
> 原義は「境界」

垂線

水平線

vertical line

垂直の、縦断的な
※ vertexの形容詞形
　最高点、頂点、原義は「つむじ」

垂直線、頂点

- This column is out of the vertical.
 （この柱は垂直ではありません）

parabola

para + bola
　　投げなわ

parabolic antenna
（パラボラアンテナは回転放物線を反射面に用いている）

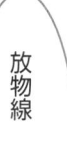

放物線

hyperbola

hypo (少し)
↕
hyper (非常な)
＋
bola (投げなわ)

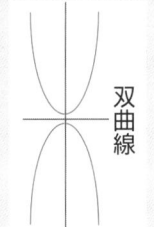

双曲線

solid line ── 実線

固体の、濃い、完全な
固体

- The swimwear is solid red.
 （その水着は真っ赤です）

broken line ------ 破線

破れた、折れた
※ breakの過去分詞

- She dropped off to broken sleep.
 （彼女はとぎれとぎれの眠りにおちた）

dotted line ……… 点線

→ dot
小点、小数点
点を打つ

- Cafes dotted waterfront.
 （カフェが海岸地域に点在している）

arrow ──→ 矢印

矢、矢印
（「弓」はbow。bowには「お辞儀」の意味もあり、原義は同じ「曲げられたもの」から）

- Follow the arrows, and you'll see the answer.
 （矢印をたどりなさい。そうすると答えが分かります）

No. 029 感覚

sensation
名 感覚（痛み、熱さ等）、興奮
- I lost all sensation for a split second.
（私はほんの一瞬全ての感覚を失いました）

sensibility
名 感性、敏感さ
- Your son has a fine sensibility for art naturally.
（あなたの息子さんは芸術的な感性を生まれつき持っている）

sentient
（形 感覚の鋭い）

sensual
（形 好色な）

sensory
（形 感覚に関する）
↓
sensor
（名 センサー）

sensuous
（形 感性に訴える）

sense
名 感覚、センス、常識、意味
動 感知する

five senses（五感）
sensitive
（形 敏感な）
- We should be more sensitive about a tongue.
（我々はもっと言葉づかいに敏感になるべきです）

common sense
（名 常識、良識）
horse sense（常識）
- I think that he sees sense perfectly.
（私が思うに彼はよく物の道理がわかっている）

sense of humor
（ユーモアのセンス）
sense of direction
（方向感覚）
sensible
（形 分別ある、感じとれる）

make sense
（意味がわかる、賢明である）
talk sense
（もっともなことを話す）

sight

名 視覚

see 見る＝（見て）知る

- I was seen shopping a hair tonic.
（私は養毛剤を買っているところを見られました）

hearing

名 聴覚

hear 聞く＝（聞いて）知る

- Did you hear your dog barking?
（あなたの犬が吠えているのが聞こえましたか）

perceive

動 知覚する、（五感で）知る

sixth sense
（第六感）

- My sixth sense doesn't work when I need it.
（私の直感は必要な時に働かない）

taste

名 味覚
動 味わう、味を感じる

- This stew tastes plain.
（このシチューはあっさりしています）

touch **名** 触覚 **動** 触れる
feel **動** 感じる
feeling **名** 触覚

- He touched the statue diligently.
（彼は熱心に像に触った）

smell **名** 嗅覚 **動** におう、（におって）知る
scent **名** 香り、直感 **動** においがする、察知する

※ 原義は「感じる」

- She is smelling at soup.
（彼女はスープのにおいをかいでいます）

No. 030 句動詞

- show up（現れる）
- blow up ~（~を爆発させる）
- bring up ~（~を育てる）
- call up ~（~に電話する）
- give up ~（~をやめる、~をあきらめる）
  * If I could give up smoking, I could save up for a house.
  （もしタバコをやめられたら家を買うために貯金できるのに）
- catch up with ~（~に追いつく）
- come up with ~（~を提案する）
- keep up with ~（~に離れずについていく）
- put up with ~（~を我慢する）

- go for ~（~を攻撃する、~を支持する）
- come for ~（~に向かってくる）
- stand for ~（~を表す、~に耐える）
  * UK stands for United Kingdom.
  （UKはUnited Kingdomの略です）
- care for ~（~を好む）
- call for ~（~を要求する）
- answer for ~（~を保証する）
  * Producers must answer for safety of products.
  （製造者は製品の安全を保証しなければならない）
- account for ~（~を説明する）

up
上へ
尽きて

for
~のために
~に対して

out
外へ、現れて
尽きて

into
中へ
~について

句動詞 動詞 +α

- blow out（パンクする）
- break out（勃発する）
  * A collision between demonstrators and the police force broke out.
  （デモ隊と警官隊の衝突が勃発した）
- call out（大声で叫ぶ）
- carry out ~（~を実行する）
- put out ~（~を消す）
- turn out ~（~であるとわかる）
- work out ~（~を解決する）
  * Everything will work out all right.（万事うまくいきますよ）
- figure out ~（~を理解する）
- give out ~（~を発する）

- blow into ~（~に不意に現れる）
  * A woman blew into my sight.
  （1人の女性が私の視界に不意に現れた）
- break into ~（~に侵入する、~をさえぎる）
- come into ~（~を相続する）
  * You'll come into this house.
  （あなたはこの家を相続するでしょう）
- cut into ~（~に割り込む）
- put into ~（~に立ち寄る）
- run into ~（~にぶつかる、~に出くわす）
  * The bicycle ran into a utility pole.（その自転車は電柱にぶつかりました）
- bite into ~（~を食う、~を刺す）

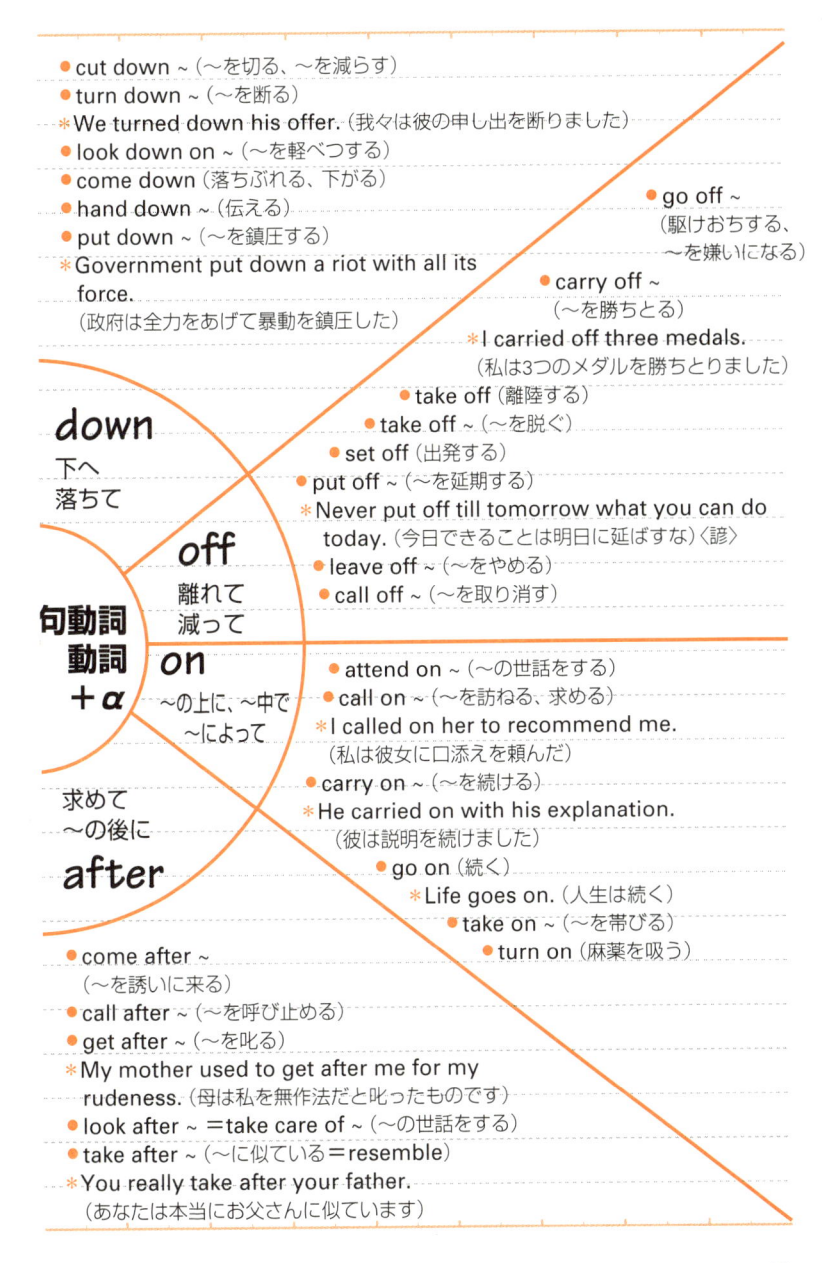

句動詞 動詞 +α

down
下へ / 落ちて

- cut down ~ (~を切る、~を減らす)
- turn down ~ (~を断る)
- ＊We turned down his offer. (我々は彼の申し出を断りました)
- look down on ~ (~を軽べつする)
- come down (落ちぶれる、下がる)
- hand down ~ (伝える)
- put down ~ (~を鎮圧する)
- ＊Government put down a riot with all its force.
  (政府は全力をあげて暴動を鎮圧した)

off
離れて / 減って

- go off ~ (駆けおちする、~を嫌いになる)
- carry off ~ (~を勝ちとる)
- ＊I carried off three medals.
  (私は3つのメダルを勝ちとりました)
- take off (離陸する)
- take off ~ (~を脱ぐ)
- set off (出発する)
- put off ~ (~を延期する)
- ＊Never put off till tomorrow what you can do today. (今日できることは明日に延ばすな)〈諺〉
- leave off ~ (~をやめる)
- call off ~ (~を取り消す)

on
~の上に、~中で / ~によって

- attend on ~ (~の世話をする)
- call on ~ (~を訪ねる、求める)
- ＊I called on her to recommend me.
  (私は彼女に口添えを頼んだ)
- carry on ~ (~を続ける)
- ＊He carried on with his explanation.
  (彼は説明を続けました)
- go on (続く)
- ＊Life goes on. (人生は続く)
- take on ~ (~を帯びる)
- turn on (麻薬を吸う)

after
求めて / ~の後に

- come after ~ (~を誘いに来る)
- call after ~ (~を呼び止める)
- get after ~ (~を叱る)
- ＊My mother used to get after me for my rudeness. (母は私を無作法だと叱ったものです)
- look after ~ ＝take care of ~ (~の世話をする)
- take after ~ (~に似ている＝resemble)
- ＊You really take after your father.
  (あなたは本当にお父さんに似ています)

No. 031 「広さ」と「深さ」

- There was a wide gap before our eyes.
  (我々の目の前には広い割れ目がありました)

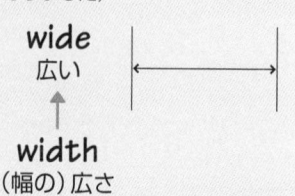

wide
広い

width
(幅の)広さ

narrow
狭い、細長い

- I could see dazzling light beyond a narrow aisle.
  (細い通路の向こうに眩しい光が見えました)

- You have a broad well-kept yard.
  (広くて手入れの行き届いた庭をお持ちですね)

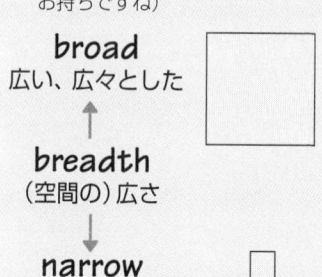

broad
広い、広々とした

breadth
(空間の)広さ

narrow
狭い

- I can't park a car in such a narrow space.
  (そんな狭いところに車を駐車できません)

- Australia is about twenty times as large as Japan.
  (オーストラリアは日本の約20倍の広さです)

large ← **size** → **small**
大きい   大きさ   小さい
big ←   → **little**

- Japan is small but mighty country.
  (日本は小さいが強大な国です)
- Here's a little something for you.
  (おみやげをどうぞ)

- I like a guy who has big shoulders.
  (広い肩を持った男性が好きです)

- You should wear contact lenses, not the thick spectacles.
（あなたはぶ厚い眼鏡ではなくコンタクトレンズをしたほうがよい）

thick
厚い、太い
↑
thickness
厚さ、太さ
↓
thin
薄い、細い

- Such a thin board is good for nothing.
（そんなに細い板では役に立ちません）

- The water is shallow here.
（このあたりは水が浅い）

shallow
浅い
↑
depth
深さ
↓
deep
深い

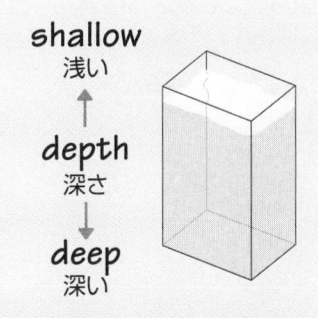

- This pool is too deep for children to swim in.
（このプールは子供たちには深すぎて泳げない）

- This box is too heavy for me to lift.
（この箱は私には重すぎて持ち上げられません）

heavy
重い
↑
weight
重さ
↓
light
軽い

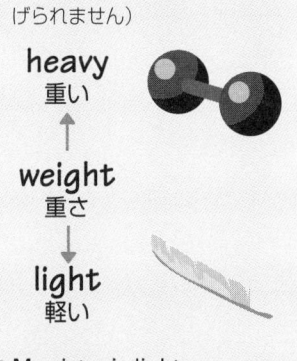

- My sister is light as a feather.
（姉は羽根のように軽い）

- Short hair suits you well.
（ショートヘアがよくお似合いです）

short
短い
↑
length
長さ
↓
long
長い

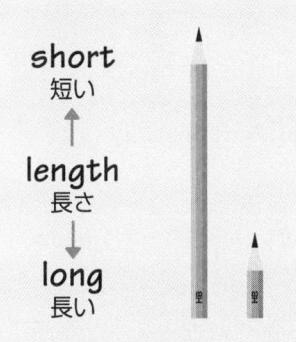

- Please bring something long to me.
（何か長いものを持ってきてください）

No. 032 トイレ

bottom (名 おしり)
abdomen (名 おなか)
side (名 横っ腹)
hip (名 腰)

形 使用中/空き
occupied/available
　　　　　　　│ 形 利用できる
類義語　　　　↓
empty (形 空の、人の住まない)
vacant (形 あいている)

flash
動 (トイレの水を)流す
forgive and forget
(水に流す)

状態

Shit!!
Damn it!!
(俗 悪態、クソ!!)

"クソ"

流す

トイレ
bathroom (米国)
WC (water closet)
toilet
lavatory (英国)

"尻"を使った表現

declining tendency (尻下がりの傾向)
　　↓
　tend to ~ (〜しがちである)
be on a rising curve (尻上がりに良くなる)
clear things up after ~ (〜の尻拭い〈後始末〉をする)
abruptly break off
突然に　　中断する
　→ 尻切れトンボになる be left unfinished
flinch 　= hesitate
尻込みする　ためらう

- My bladder is the size of pea.
  　ぼうこう　　　　　　えんどう豆
  （私はトイレが近いです）

行きたい

- Where is the Gents (Ladies)
  （男性用〈女性用〉トイレはどこですか）
- Where can I wash my hands?
  （お手洗いはどこですか）
- Nature calls.
  （トイレに行きたいです）

- I'm constipated.
  （便秘している）
- I've been having diarrhea.
  （下痢している）

出すもの

下血する
discharge blood from the bowels
排出する

便 stool
↓
「腰かけ椅子」の意味から
fall between two stools （あぶはち取らず）

尿 urine, pee, piss

オナラ fart

- I don't care a bit such a thing.
  （そんなことは屁とも思わない）
- He is quick to split hairs.
  （彼はすぐに屁理屈をこねる）
- Don't be a smart aleck. （屁理屈を言うな）
  ↓
  知ったかぶりをする人

bowels （名 腸全体）
large bowel （大腸）
small bowel （小腸）
have loose bowels
（下痢する）

No. 033 「上げる」と「上がる」

pay raise（昇給）
（英国では pay rise）
⇅
pay reduction（減給）
raise wages（給料を上げる）

給料

raise one's glass to ~
（～のために乾杯する）

グラス

raise one's hand to ~
（～に手をふり上げる）
lift one's hand
（〈手をあげて〉誓う）

手

a raised bottom
（上げ底）

底

上げる
raise（上げる）
lift（持ち上げる）

頭

raise one's head
（顔を上げる〈出席を示す〉）
lift up one's head
（元気を取り戻す）

●rise/raise の変化形
rise-rose-risen
raise-raised-raised

●その他の"あげる"
shelve（動 棚上げする）
fry（動 〈油で〉揚げる）
be ready（仕上がる）
jump（動 飛び上がる）
become famous（名を揚げる）

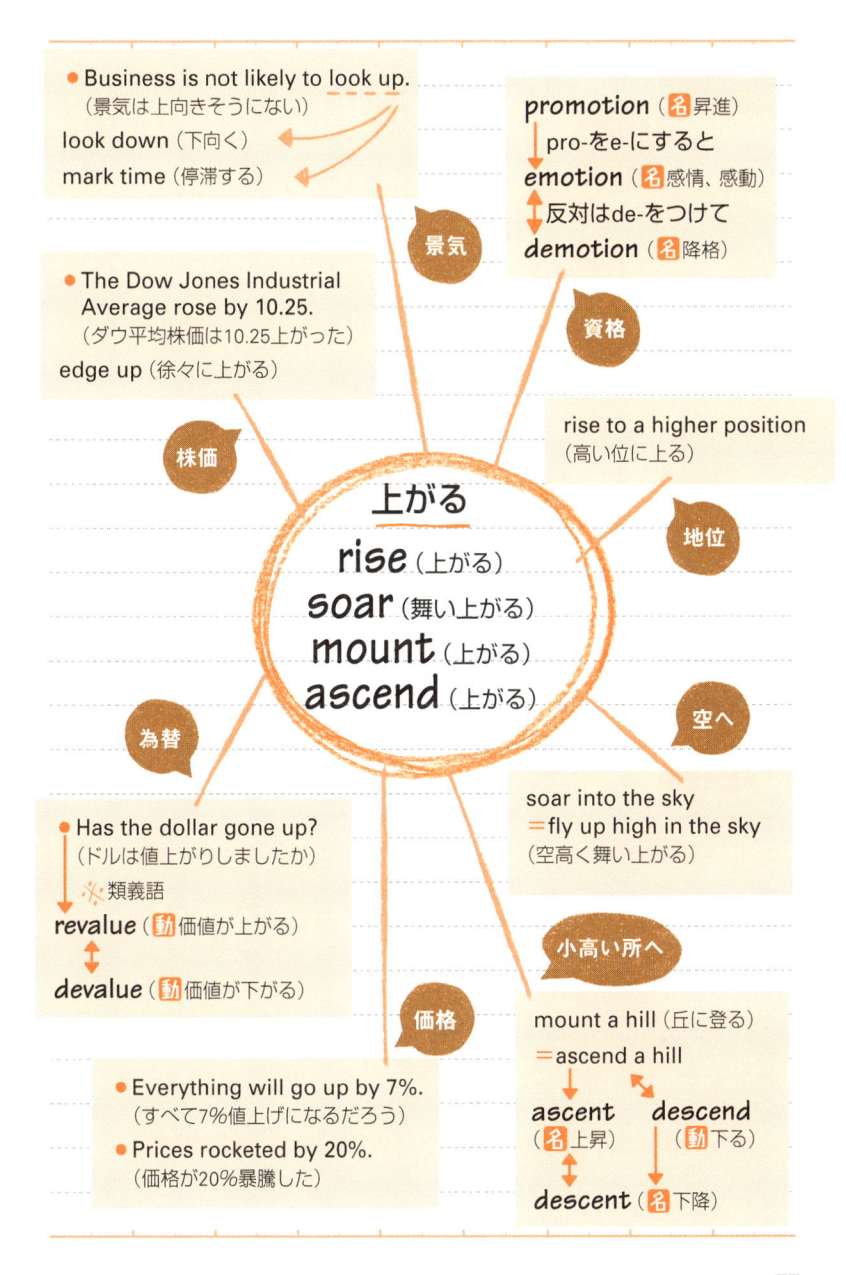

上がる
- rise (上がる)
- soar (舞い上がる)
- mount (上がる)
- ascend (上がる)

景気
- Business is not likely to look up.
 (景気は上向きそうにない)
- look down (下向く)
- mark time (停滞する)

資格
- promotion (名 昇進)
 pro-をe-にすると
- emotion (名 感情、感動)
 反対はde-をつけて
- demotion (名 降格)

株価
- The Dow Jones Industrial Average rose by 10.25.
 (ダウ平均株価は10.25上がった)
- edge up (徐々に上がる)

地位
- rise to a higher position
 (高い位に上る)

空へ
- soar into the sky
 = fly up high in the sky
 (空高く舞い上がる)

為替
- Has the dollar gone up?
 (ドルは値上がりしましたか)
 ※類義語
- revalue (動 価値が上がる)
 ↕
- devalue (動 価値が下がる)

価格
- Everything will go up by 7%.
 (すべて7%値上げになるだろう)
- Prices rocketed by 20%.
 (価格が20%暴騰した)

小高い所へ
- mount a hill (丘に登る)
 = ascend a hill
- ascent (名 上昇)
- descend (動 下る)
- descent (名 下降)

No. 034 湾岸戦争、イラク戦争

宗教

religion
名 宗教
Islam（イスラム教）
→ Muslim（イスラム教徒）
Christianity（キリスト教）
Judaism（ユダヤ教）
Buddhism（仏教）
jihad（聖戦）

イラク戦争

ultimatum（最後通告）
military action（軍事行動）
→ take part in a military action
（軍事行動に参加する）
weapons of mass destruction
（大量破壊兵器）
　　　　　　　動 destroy（破壊する）
chemical and biological weapon
（生物化学兵器）

Iraq 名 イラク
Iraqi 形 イラクの、イラク人の

湾岸戦争

threat
名 脅威
→ 動 threaten（おどす）

the Gulf War（湾岸戦争）
↓
Persian Gulf（ペルシア湾）

aggression
名 侵攻
→ 形 aggressive（攻撃的な）

alliance
名 同盟
→ 動 ally（同盟する）

allied forces
（多国籍軍、同盟している）
= Coalition Force
　　連合

invasion
名 侵攻
→ 動 invade（侵攻する）
※ 類義語 → take over（占拠する）

withdraw（動 撤退する）
border（名 国境）

体制

dominate
動 支配する
→ 名 domination（支配）
※ 類義語 → 名 hegemony（覇権）
形 antigovernment（反体制派の）

tyrannical state
専制国家
→ 名 tyranny（専制政治）

dictatorship
名 独裁政治
→ 名 dictator（独裁者）

oppressor
名 迫害者
→ 動 oppress（〜を抑圧する）
→ 名 oppression（圧迫）

regime
名 政権
　名 regiment（連隊、大群）
→ 名 reign（支配）

refugee
名 難民
→ 名 refuge（避難）

liberation
名 解放
→ 動 liberate（解放する）

duration
名 継続期間

genocide
名 虐殺

terrorist
名 テロリスト
→ 名 terror（恐怖）
→ 動 terrify（おびやかす）
→ 形 terrific（大変な）
terrorism-supporting state
（テロ支援国家）

economic sanctions（経済制裁）
→ lift sanctions（制裁を撤廃する）

No. 035 「予約」と「約束」

> flight reservation（飛行機の予約）
> make a reservation at a hotel
> ＝reserve a room at a hotel（ホテルを予約する）
> - I have a reservation.（予約しています）
> - I'd like to make a reservation for tonight.
>   （今晩の予約をしたいのですが）

reservation status（予約状況）
reservation change（予約変更）
reservation clerk（予約係）

reserved
形 予約した
遠慮がちな
控えめな

-edで形容詞

reservation
名 保留、予約

-tionで名詞

reserve
動 取っておく

-ingで名詞

booking
名 予約

book
動 予約する

-edで形容詞

booked
形 予約した、指定の

- I have booked seats for the theater.
  （劇場の座席を予約した）
- Do you have a table booking?
  （お座席の予約は承っていますか）

stay at ~（～に宿泊する）
- I'm staying at the Hilton.
（私はヒルトンに宿泊している）

宿泊形式
modified American plan
＝half-pension（1泊2食付）
Continental plan（1泊朝食付）
European plan（室料のみ）

Non-reserved（自由席）
- All seats reserved.（全席指定）
- All rights reserved.（版権所有）

booked seat（指定席）
- All seats are booked until October 1.
（10月1日まで満席です）

appointment
名（人と会う）約束
- I have an appointment with the dentist.
（私は歯医者に予約をしている）

promise
名 約束、将来の見込み

engagement
名 約束、契約
- I must be going now because I have a previous engagement.
（先約があるので、これで失礼します）

野球

No. 036

pitch
(動 投げる、テントを張る)
↑
pitcher
(名 ピッチャー)
＝
hurler (名 投手)

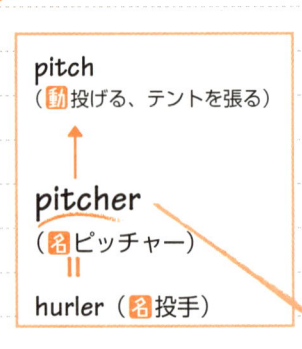

management
(名 処理、経営)
↑
manage
(動 どうにか～する)
↑
manager
(名 監督、支配人)

baseball (名 野球)

fielding team
守備側のチーム
outside corner (アウトコーナー)
⇅
inside corner (インコーナー)

shut out (完封する)
strike out (三振に打ちとる)
hold ~ scoreless (~を0点に抑える)
give the hitter an intentional walk (敬遠する)
↓
intention (名 意図)
↓
intend (動 ～するつもりである)

make a good play (いい守備を見せる)

make a double play (ゲッツーにする)

umpire
(名 仲裁人)

↑ 類義語

umpire
(名 アンパイア)
chief umpire (主審)
base umpire (塁審)

battery
(名 バッテリー、電池)

↑ 類義語

batter
(名 バッター)
‖
hitter (名 打者)

team at bat
攻撃側のチーム
batting order (打順)
be at the bat (打席につく)
ground (ゴロを打つ)
　→ grounder (名 ゴロ)
load bases (満塁にする)
　→ (荷を積む、積み込む)
gain a base (出塁する)
grand slam (満塁ホームラン)
be left on base (残塁になる)
sacrifice fly (犠牲フライ)
　→ sacrificial (形 犠牲の、献身的な)
drag bant (セーフティバント)
　→ (引っぱる、引きずる)

game
名 試合
exhibition game (オープン戦)
　→ exhibit (動 展示する、見せる)
night game (ナイター)
games behind (ゲーム差)
draw (名 引き分け)
　→ (動 引く、引っぱる)
　　　↓
　　drawer (名 引き出し)
tied score (同点)
　→ tie (動 結ぶ)
ejection (名 退場)
　→ eject (動 追い出す、排出する)
pitching duel (投手戦)
　↕　　→ (決闘、勝負)
batting duel (打撃戦)

No. 037 「貸す」と「借りる」

貸す

有料・無料で使い分ける！

持ち運びできるものを無料で

lend

- Would you lend me some money?
  (お金を貸していただけませんか)
- He that gives lends.
  (与える者は貸す者である
  → 情けは人のためならず)〈諺〉
- Lend your money and lose your friend.
  (金の貸し借りはトラブルの元だ
  → 金を貸すと友を失う)

money lender (金貸し)

土地、建物、車を有料で

rent out 〈米〉　　hire out 〈英〉

- The owner rents out the houses to families with children.
  (家主は子供のある家族にその家を貸す)

土地、建物、大型機械を正式な書類を作って

lease

- He leased me his house for the summer.
  (彼は夏の間、自分の家を私に貸してくれた)

借りる

borrow

- He borrowed some money from a loan shark.
  (彼は高利貸しから金を借りた)
- If you want to borrow money from me, go away.
  (金の話なら帰ってくれ)

rent
- Where can I rent a car?
  (どこで車を借りられますか)

hire 〈英〉
- hire a car by the hour
  (1時間単位で車を借りる)

lease
lease agreement
(リース契約)

持ち運びできないものには…

use
- May (can) I use the bathroom?
  (ちょっとトイレを借りていいですか)

loan

動 貸しつける
- How much will you loan on this jewel?
  (この宝石でいくら貸していただけますか)

名 貸し付け
貸付金、ローン

pass

No. 038

pass

動
1. 通過する
2. 追い越す
3. 次々に回される
4. (時が)経つ、過ぎ去る
5. (議案が)可決する
6. (試験に)合格する、パスする
7. (手で)渡す

名 パス、定期

① Please let me pass!
(すみません通してください)

→ 派生語

passage

名 廊下、通路、抜け道、渡航、一節

- Don't leave bicycles in the passage.
  (通りに自転車を置かないで下さい)
- This is a passage from the Bible.
  (これは聖書の一節です)

※ 抜け道は「passage」
では近道は？

→ **shortcut**

- Let's take a shortcut!
  (近道をしよう)

passenger （通る人で）
(乗客、旅客、搭乗客)

- The passengers for the next flight should go to the second gate.
  (次の便にご搭乗のお客様は2番ゲートへお進み下さい)

※ 空港でよく聞くアナウンス

path （似たものに）
(**名** 小道、細道
  歩道（＝footpath）
  進路、コース)

the path to victory (勝利への道)

No passing! 〈米〉

❷(標識)追い越し禁止

※ イギリスでは「No overtaking!」で同じ意味

passing lane
(追い越し車線)

❸The wine was passed from hand to hand.
(ワインが手から手へと回された)

❼Will you pass me the pepper?
(コショウを回してくれませんか)

❺The bill will be passed by the end of May.
(議案は5月末までには可決されるだろう)

※ 「否決する」は、reject a bill

❻She passed at the first attempt.
(彼女は第1回目の試みで合格した)

※ 「失敗」はfail

❹Time passes quickly.
(時は急速に過ぎていく)

↓ 派生語

past

形 過ぎ去った、昔の
終わって、過去の

- Summer is past. (夏は終わった)

※ 「夏が来た!」は、
- Summer has come!

「国家」と「地方」

No. 039

country
国(特に国土)、祖国
- the country (いなか)
- countryside (いなか)
- multiethnic country (多民族国家)
- neutral country (中立国)
- one's own country (祖国)
- rule a country (国を治める)
- civilized country (文明国)
- So many countries, so many customs. (所変われば品変わる)〈諺〉

nation
国家(民族の共同体)、民族
- the United Nations (国連)
- the Jewish nation (ユダヤ民族)

【形】 native (自分の国の、本国の)
→ native rights (生得の権利)

【形】 national (国家の、国民の)
→ nationalist (国家主義者、民族主義者)
→ nationalism (愛国心、国家主義)
→ nationality (国籍)

race (人種、民族〈人類学的単位〉)
→ racial (人種の、民族の)

monarchy
君主国

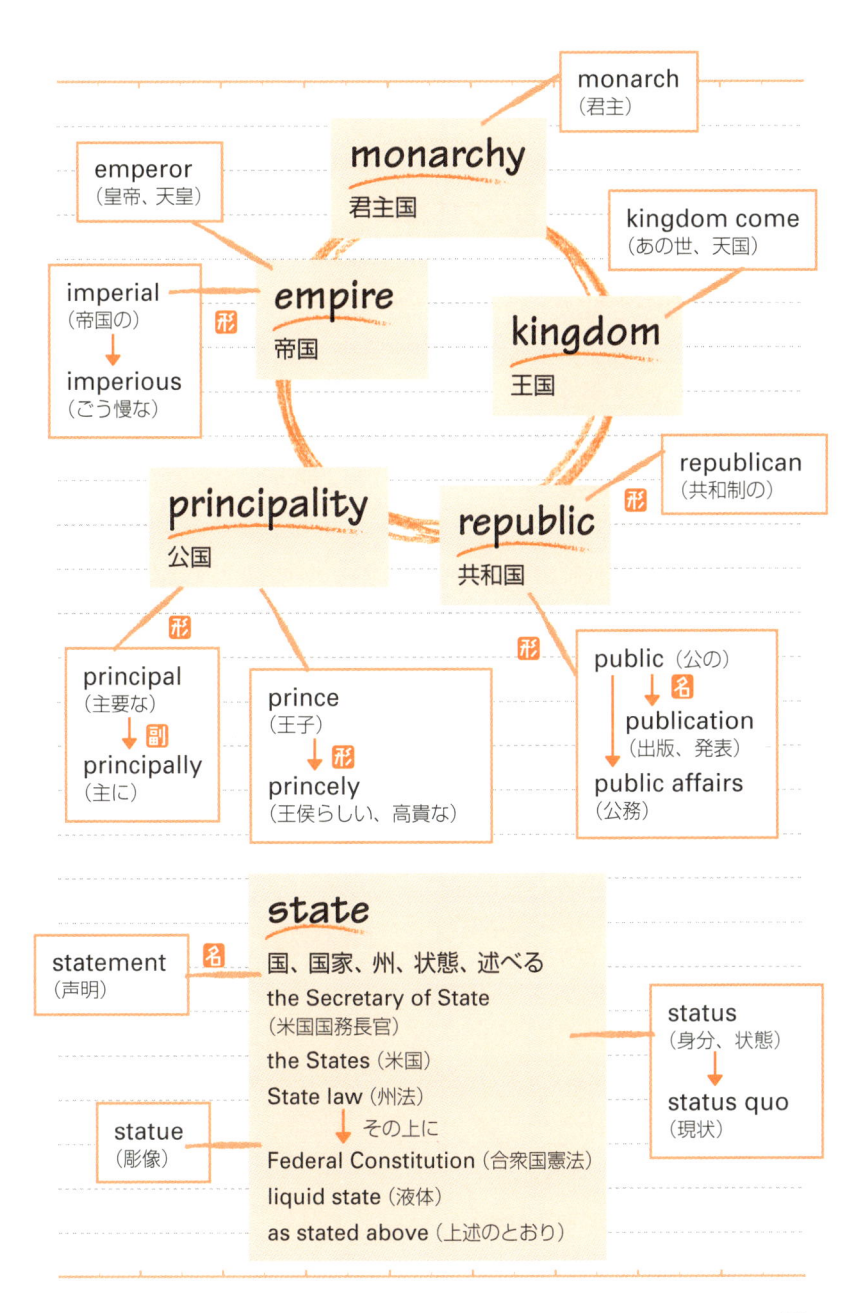

- monarch（君主）
- emperor（皇帝、天皇）
- kingdom come（あの世、天国）

empire
帝国

- imperial（帝国の）形 → imperious（ごう慢な）

kingdom
王国

principality
公国

- principal（主要な）形 → principally（主に）副
- prince（王子）→ princely（王侯らしい、高貴な）形

republic
共和国

- republican（共和制の）形
- public（公の）→ publication（出版、発表）名 → public affairs（公務）

state
国、国家、州、状態、述べる

the Secretary of State（米国国務長官）
the States（米国）
State law（州法）
　↓ その上に
Federal Constitution（合衆国憲法）
liquid state（液体）
as stated above（上述のとおり）

- statement（声明）名
- statue（彫像）
- status（身分、状態）→ status quo（現状）

capital

名 首都（＝国の頭）
大文字（＝文の頭に使う字）
資本、資本金（＝事業等の頭金）
形 主要な
資本の
死に値する

capital punishment（死刑）
（death penalty）→（頭をちょん切る罰）

※語源はすべて「caput」（頭）

- London is the capital of England.
（ロンドンはイギリスの首都です）
- We need capital to start a business.
（事業を始めるには資本が必要だ）

（日本やアメリカは・・・）

capitalism
（資本主義）

（ソ連はかつて・・・）

communism
（**名** 共産主義）
※元はcommunity
（**名** 共同体、地域社会、共同社会）

（集まってできるのが）

country

名 国、国家
地方、地域
いなか、郊外、田園

※countryには国家（state）といなか（rural district）の意味

- The aged people prefer living in the countryside.
（お年寄りは田舎に住みたいと思っている）

metropolis

類義語　名 首都、主要都市、中心地

metropolitan

類義語
形 首都の、大都市の
名 首都の住人、都会人

- Many young people prefer living in the metropolitan area.
(多くの若者は首都圏に住みたいと思っている)

※ metroは地下鉄
  パリではmetroは地下鉄の意味
  ロンドンではundergroundまたはtube
  アメリカではsubway

urban
(形 都会の、都市の)
urban problems（都市問題）

　　　　　反対語

rural
(形 いなかの、田園の)
- The rural life is as wonderful as we expected.
(田園生活は想像したとおりのすばらしさだ)

これを図にしてみると

country
= the state

- capital city（首都）
- metropolitans（都会人）
- urban area（都会）（＝metropolitan area）
- community（地域社会）
- the country（田舎）（＝rural area）

No. 040 「火」と「光」

fire alarm（火災報知器）

fire extinguisher（消火器）

fire fighter（消防士）

fire

- 名 火、火災、発射、射撃
- 動 (〜に) 火をつける、発射する、(人を) 首にする

- Be careful with fire.（火の用心）

make a fire（火を起こす）
- He made a fire to warm the room.
  （彼は部屋を暖めるため火を起こした）
- There's no smoke without fire.
  （火のないところに煙は立たない）〈諺〉

break out（起きる）
- A fire broke out last night.（昨夜火事があった）
- Cease fire!（撃ち方やめ！）← 発射をやめる
- He was fired yesterday.
  （彼は昨日火をつけられた）×
  （彼は昨日首になった）○

hire

- 動 雇う、雇用する
  (〜を) 借りる、賃借りする

- He hired a home tutor to make his son study.
  （彼は家庭教師を雇って子供に勉強させた）

hire a car for weekend trip
（週末の旅行のため車を借りる）
※米ではrentが一般的

employ（動 雇う）

employment（名 雇用）

unemployment（名 失業）

borrow（動 借りる）

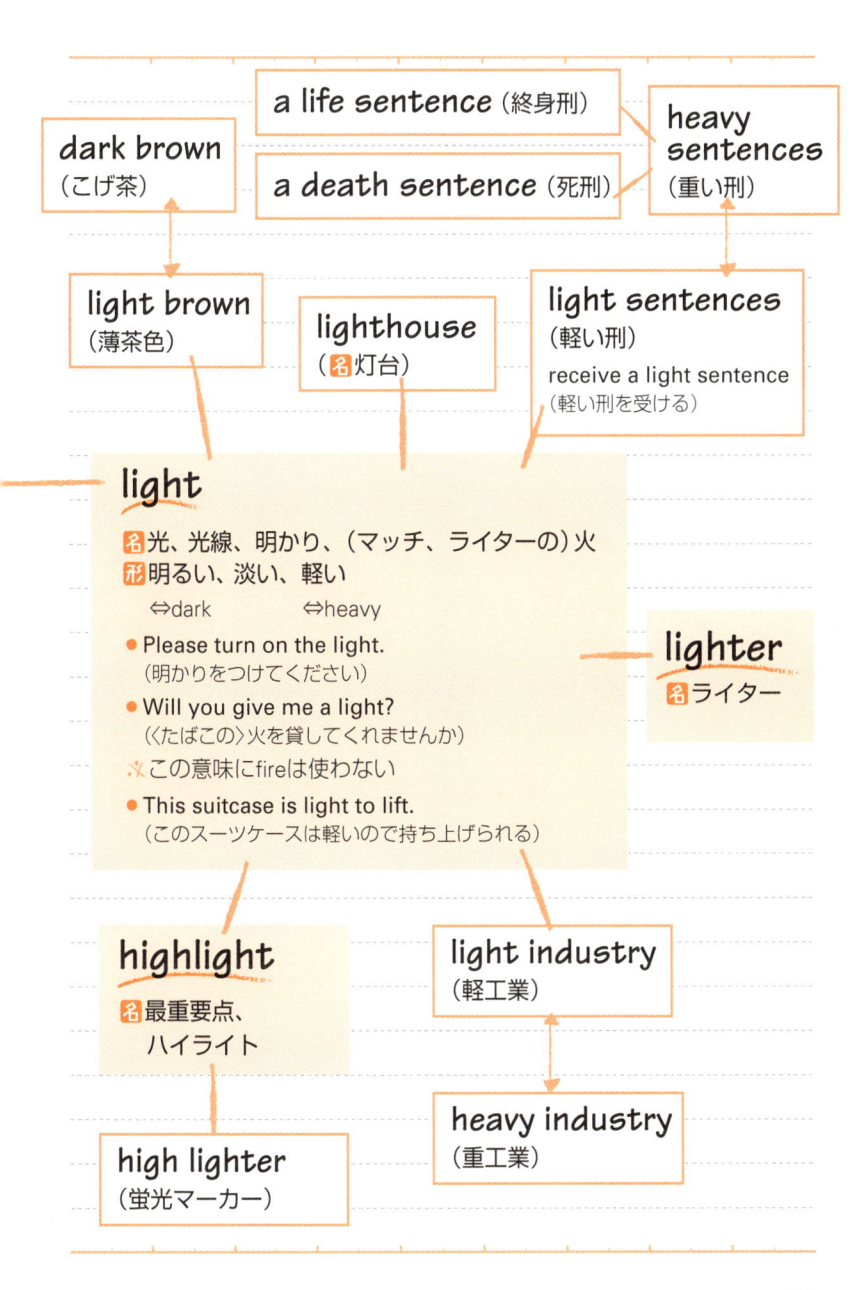

- **dark brown** (こげ茶)
- **a life sentence** (終身刑)
- **a death sentence** (死刑)
- **heavy sentences** (重い刑)
- **light brown** (薄茶色)
- **lighthouse** (名 灯台)
- **light sentences** (軽い刑)
  receive a light sentence (軽い刑を受ける)

light

名 光、光線、明かり、(マッチ、ライターの)火
形 明るい、淡い、軽い
　⇔dark　　⇔heavy

- Please turn on the light.
  (明かりをつけてください)
- Will you give me a light?
  (〈たばこの〉火を貸してくれませんか)
- ※ この意味にfireは使わない
- This suitcase is light to lift.
  (このスーツケースは軽いので持ち上げられる)

lighter
名 ライター

highlight
名 最重要点、ハイライト

- **light industry** (軽工業)
- **heavy industry** (重工業)
- **high lighter** (蛍光マーカー)

No. 041 「生」と「死」

living
- 形 生きている、現存の
- 名 生活、生計
- I want to learn living English.
  (生きた英語を学びたい)

make one's living
(生計を立てる)
- He makes his living as an artist.
  (彼は画家として生計を立てている)

living cost（生活費）

living space（生活空間）

live
- 動 住む、生きる、生活する、常食とする
- 形 生きている、生の
- This is a comfortable place to live in.
  (ここは住むのに快適な場所だ)
- I live with my parents. (私は両親と同居している)
- Carnivores live on meat.
  (肉食動物は肉を常食とする)

a live broadcast（生放送）

※発音注意〔laiv〕

livelihood
（名 暮らし、生活）

lively
- 形 元気な、活発な、陽気な

a lively conversation
(生き生きとした会話)

alive
- 形 生きている、活動して
- She is still alive.
  (彼女はまだ生きている)

die

動 死ぬ、枯れる/〜が欲しくてたまらない

- My father died in 1980.
  (私の父は1980年に亡くなった)
- The flowers are dying.
  (花は枯れかけている)
- She died from overwork.
  (彼女は過労死だった)
- He died of lung cancer.
  (彼は肺がんで死んだ)
  ※ die of ~は病気や飢え、老齢等による死
- I'm dying for coffee.
  (コーヒーが欲しくてたまらない)

dead

形 死んだ、死んでいる、枯れた、切れた

- She has been dead for three years.
- = She died three years ago.
  (彼が死んで3年になる)

dead leaves (枯れ葉)
  ※ 紅葉(もみじ)は red leaves

a dead battery (切れた電池)

dead end
(〈通路等の〉行き止まり、行き詰まり)

deadline
(**名** 最終期限)

meet a deadline
(締め切りに間に合う)

life

名 生命、生物、生涯、一生、人生、生活

the origin of life
(生命の起源)

single life (独身生活)

city life (都市生活)
  ※ 複数形「lives」〔laivz〕

death

(**名** 死、死亡)

death penalty (死刑)

No. 042 ビジネス

business card (名刺)

start-up business (新規起業)
↕
big business (大企業)
↕
small business (中小企業)

occupation (名 職業)

business

名 職業、事務、仕事、事業、取引店、会社、用事、権利、すじ合い

- What business is he in?
  (彼はどんな職業についていますか)
  ※口語ではWhat does he do?が用いられることが多い
a man of business (実業家)
- We are doing business with China.
  (私たちは中国と取引があります)
- Mind your own business.
  (自分の用事だけ気にしろ→私のことに干渉しないで)

job
仕事
take a steady job
(定職につく)
※アルバイトはpart-time job
job-hunt (仕事を探す)

business trip
(=travel) 出張旅行
on business (仕事で)
- I'm here on business.
  (私は仕事でここにきています)
↕
for pleasure (遊びで、娯楽として)

Business Administration (BA)
経営学

※ MBAはMaster of BA (経営学修士)

Management

名 経営、管理、経営学、経営陣

- Successful business requires strong management.
  (事業の成功には強力な経営陣が必要である)

※ CEO = Chief Executive Officer (最高経営責任者)

manager
名 支配人、経営者、管理者、マネージャー、監督、幹事

- The manager of this hotel always acts like a gentleman.
  (このホテルの支配人の取る行動はいつも紳士的だ)

manage
動 どうにかして〜する
うまく〜する
時間をなんとか都合する
経営する、管理する

- I managed to catch the train.
  (どうにか列車に間に合った)
- I managed to find the right station.
  (うまく目的の駅を見つけられた)
- Can you manage 5 p.m. on Tuesday?
  (火曜の午後5時に時間の都合をつけられますか)
- She manages a big company.
  (彼女は大会社を経営している)

organizer (幹事)
※ 飲み会や合コンの "幹事" はorganizeを使う
organizeは**動**で組織する、計画する等の意味になる

general manager
(部長)

manager (=section chief)
(**名** 課長)

assistant manager
(課長補佐)

予言

No. 043

predict
〔pre（前に）＋ dicere（話す）〕
動 予言する、予報する
（正確な計算、知識に基づく）

prediction
（予言、予報）
-tionで名詞
- His predictions are always right on target.
（彼の予想は百発百中です）

predictive
（予言的な）
-iveで形容詞

predictable
（予言できる）
-ableで形容詞

predictor
（予言者）
-orで～する人

predicate
〔pre + dicare（知らせる）〕
（断言する）

contradict
〔contra（反対して）+ dicere（話す）〕
（否定する、矛盾する）

dictate
（口述する、指示する）

indicate
（～のしるしである、指す）
- Fever indicates sickness.
（発熱は病気の兆候だ）

foretell
〔fore（前方に）＋ tell（話す）〕
動 予言する、予告する
（方法・手段はとわない）

- **foreshow**（前もって知らせる、予告する）
- He foretold that an accident would happen.
  （彼は事故がおこるだろうと予言した）
- **foreshadow**（〜を暗示する、前兆を示す）

forecast
動 予測する

- **weather forecast**（天気予報）
- **in anticipation of**（〜を見越して）
  - I took an umbrella in anticipation of rain.
    （雨が降ると思って傘を持ってきた）

foresee
動 予知する、予見する

- -able → **foreseeable**（予見できる、予知できる）
- 名詞形 → **foresight** 将来の備え、先見の明（かなり遠い先まで予測）
  forethought 事前の考慮（不測の事態を考慮）
  ↔ **afterthought** あと知恵

prophesy
動 予言する
（神秘的な知識、霊感による）

- 名詞形 → **prophecy**（予言、神のお告げ）
- **prophet**（預言者）
- **prophetic**（預言者の、預言的な）

No. 044 「主観」と「客観」

subjective
形 主観の
- It's a very subjective opinion.
（それはとても主観的な意見だ）

subject
名 主題、問題、題目、テーマ、学科、科目、主語、主観
形 服従して、属国の、受けやすい、かかりやすい

- Let's change the subject!（話題を変えよう）
- My favorite subject is physics.
（好きな学科は物理です）
- The subject is "I."（主語は "I" です）
- People are subject to the law.
（人は法に支配される）
- I am subject to illness.
（私は病気にかかりやすい）

topic
名 題目
※ 一般にsubjectより小規模な話題

theme
名 主題、テーマ
※ 発音は〔θi:m〕

title
名 表題
※ 他にも称号、肩書き、権利という意味もある

objective

名 目標、目的
形 客観的な
educational objective（教育目標）
objective analysis（客観的分析）

objection

名 異議、不服、反対理由
- Objection!（異議あり！）
※会議や法廷等で

object

名 物、物体、対象、目的、目的語、客観
動 反対する、異議を唱える

UFO＝unidentified flying object
（未確認飛行物体）

- It became an object of my study.
  （それは私の研究の対象になった）
- The object of his visit was to meet her.
  （彼の訪問の目的は彼女に会うことであった）
- I object to his drinking.
  （彼の飲酒に反対する）

※ 名は〔ábdʒikt〕
動は〔əbdʒékt〕
なので発音注意

purpose

名 目的、意図
on purpose
（わざと）

aim

名 目的

goal

名 目標

end

名 目的
- The end justifies the means.
  （目的は手段を正当化する → うそも方便）〈諺〉

No. 045 charge

charge

動詞

請求する、つけで買う、負わせる、責める、満たす、充電する

- How much do you charge for a dozen eggs?
  (卵1ダースの値段はいくらですか)
- He was charged with speeding.
  (彼はスピード違反で告発された)

※ chargeの後の前置詞に注意

熟語

in charge of ~
(〜を預かっている、〜の責任を負っている)

- Who is in charge of this class?
  (このクラスの担任は誰ですか)

take charge of ~
(〜を預かる、〜を受け持つ)

- I take charge of this class.
  (私がこのクラスの担任を引き受けます)

名詞

料金、責任、非難、告発、攻撃

the charge for delivery（配達料金）
No charge for admission（入場無料）
※掲示等で

↓ 類似語

rate

名 料金、値段、率
telephone rate（電話）＝ the charge of telephone call
utility rate（公共料金）

↓ 派生語

ratio

名 比、比率、割合
- They are in the ratio of 3 : 2.（それらは3対2の割合である）
※ three to twoと読む

> chargeやrateはサービス関係の料金です

では品物は？

price

名 値段
fixed price（定価）
↓ 有料道路で払うのは？

toll

名 道路通行料
※ toll gate（料金支払い所）

弁護士さん等のサービスに対しては

fee

名 (専門職等に払う)料金、報酬、謝礼
legal fees
（弁護士報酬）

No. 046 尺度

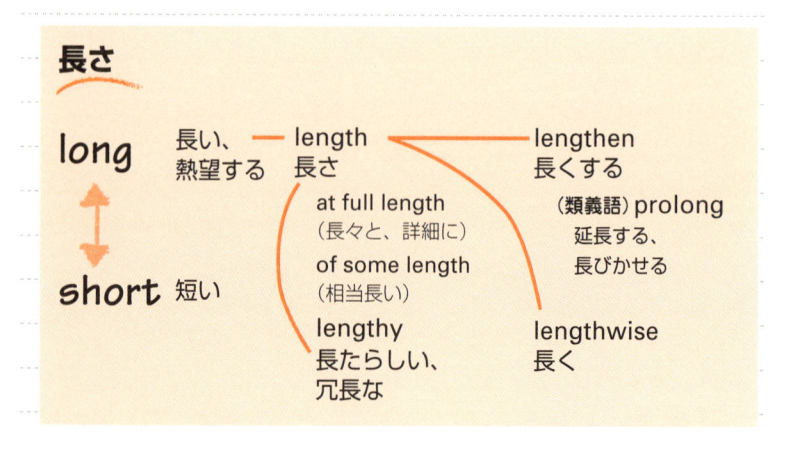

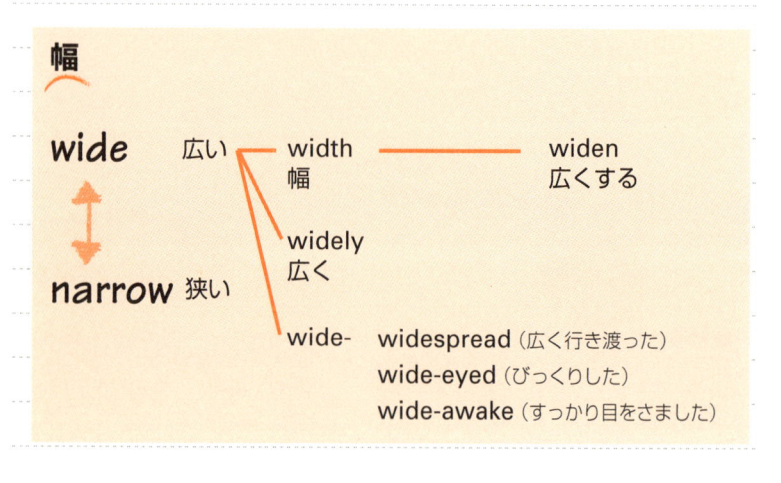

長さ

long 長い、熱望する ↔ **short** 短い

- length 長さ
  - at full length（長々と、詳細に）
  - of some length（相当長い）
- lengthy 長たらしい、冗長な
- lengthen 長くする
  - （類義語）prolong 延長する、長びかせる
- lengthwise 長く

幅

wide 広い ↔ **narrow** 狭い

- width 幅
- widely 広く
- widen 広くする
- wide-
  - widespread（広く行き渡った）
  - wide-eyed（びっくりした）
  - wide-awake（すっかり目をさました）

高さ

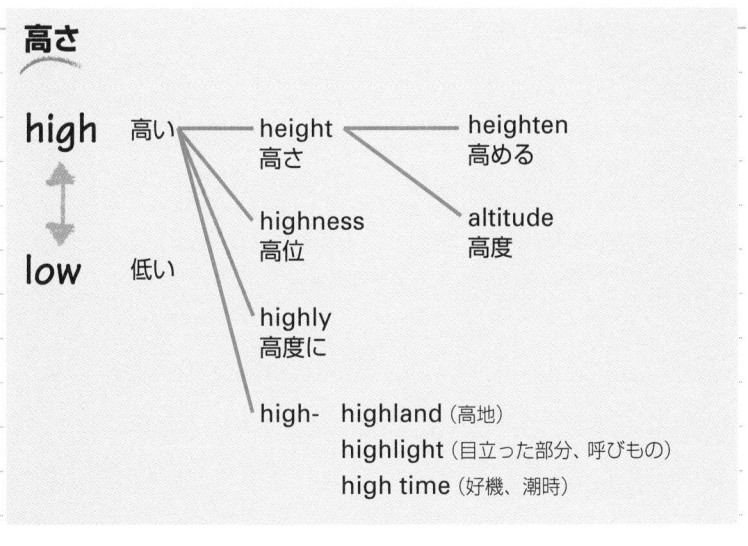

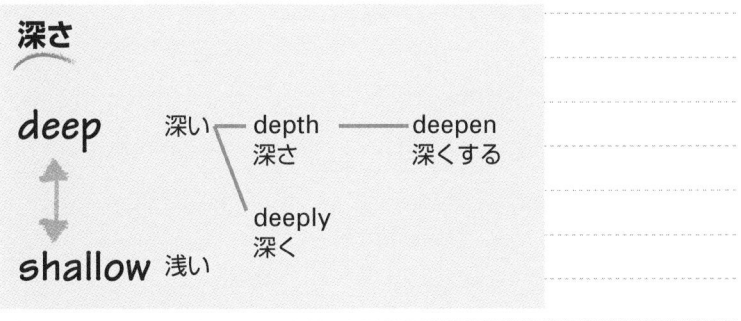

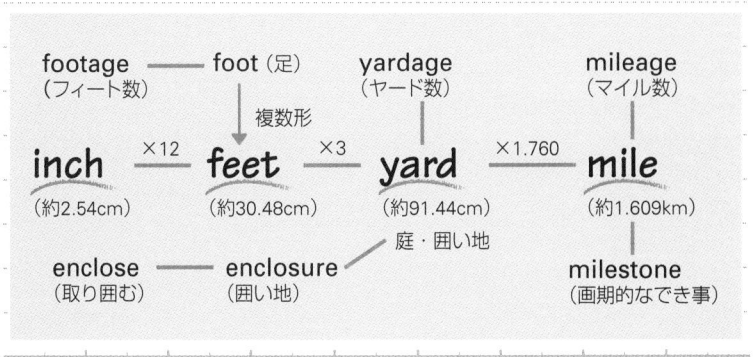

high 高い
↕
low 低い

- height 高さ
  - heighten 高める
  - altitude 高度
- highness 高位
- highly 高度に
- high-
  - highland（高地）
  - highlight（目立った部分、呼びもの）
  - high time（好機、潮時）

深さ

deep 深い
↕
shallow 浅い

- depth 深さ
  - deepen 深くする
- deeply 深く

- footage（フィート数） — foot（足）
- yardage（ヤード数）
- mileage（マイル数）

inch ×12 **feet** ×3 **yard** ×1.760 **mile**
（約2.54cm）（約30.48cm）（約91.44cm）（約1.609km）

foot → 複数形 → feet

yard: 庭・囲い地
- enclose（取り囲む） — enclosure（囲い地）

mile:
- milestone（画期的なでき事）

No. 047 会議

conferential
(形 会議の)

call a meeting
= (会議を招集する)
hold a meeting
(会議を開催する)

meeting
名 会合、会見

break up
(閉会する)

conference
名 会議、協議
disarmament conference（軍縮会議）
the Middle East peace conference
（中東和平会議）

confer
(動 相談する、授ける)

〜する人

conferment
(名 協議、授与)

conferee
(名 会議出席者)

convenient
(形 好都合な、便利な)

類義語

convenience
(名 便利、好都合)

会議用語
agenda（名 議題）
pending issue（懸案事項）
motion（名 動議）
　→ 動 move（提案する）
bill（名 法案）
introduce a bill（法案を提出する）
alternative（名 対案）
　→ 形 alternate（交替の）
　→ 動 alter（変える）
unanimity（名 全会一致）
　→ 形 unanimous（一致した）

convention
名 集会、しきたり

convene
(動 召集する)

conventional
(形 伝統的な、会議の、古い考えの)

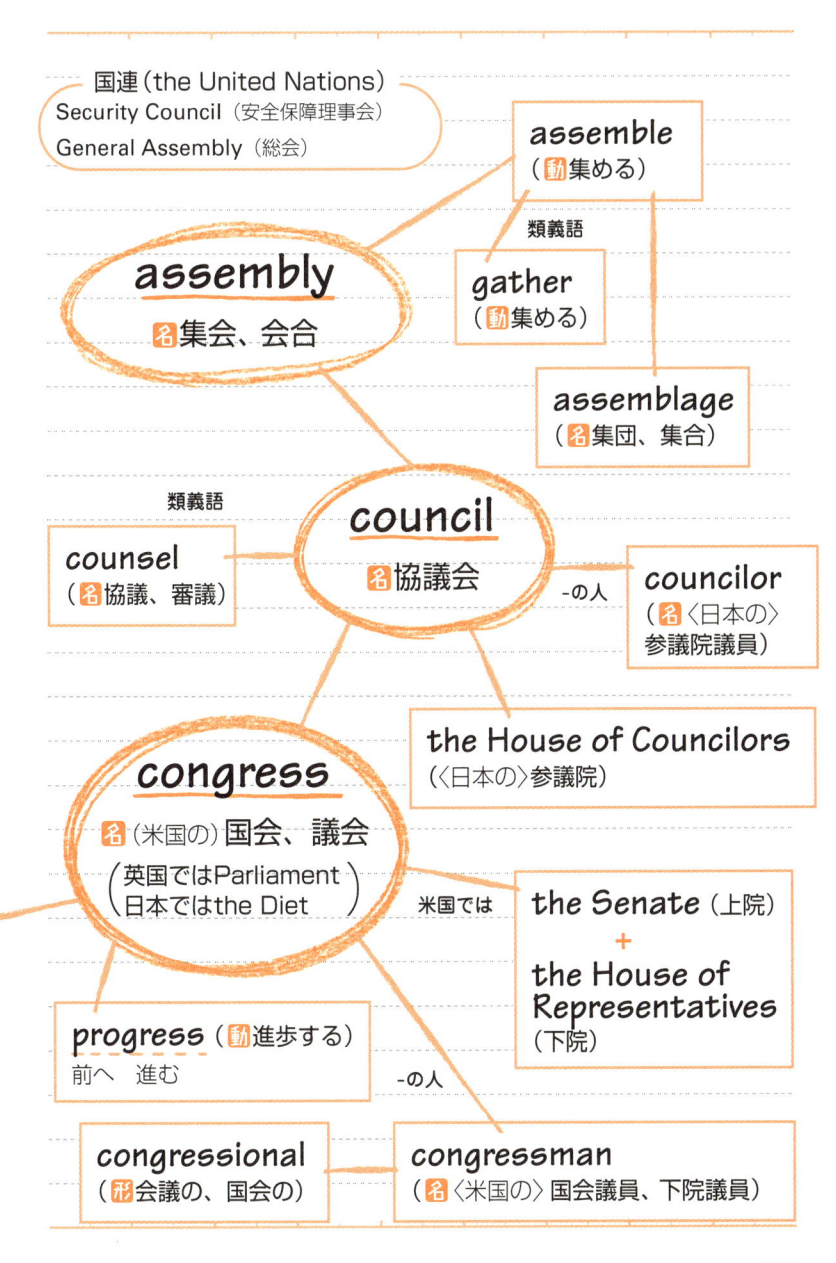

- 国連（the United Nations）
- Security Council（安全保障理事会）
- General Assembly（総会）

assemble
（動 集める）

類義語

gather
（動 集める）

assembly
名 集会、会合

assemblage
（名 集団、集合）

類義語

counsel
（名 協議、審議）

council
名 協議会

-の人

councilor
（名〈日本の〉参議院議員）

the House of Councilors
（〈日本の〉参議院）

congress
名（米国の）国会、議会
（英国ではParliament
日本ではthe Diet）

米国では

the Senate（上院）
＋
the House of Representatives
（下院）

progress（動 進歩する）
前へ 進む

-の人

congressional
（形 会議の、国会の）

congressman
（名〈米国の〉国会議員、下院議員）

No. 048 選挙

choose
動 選ぶ

choice
名 選択、選ばれたもの

elective
形 選挙の、選挙に関する

elect
動 選出する、選挙する

select
動 選択する

selection
名 選抜、選択

selective
形 選択的な

selected
形 選ばれた

選挙
election

(種類)

- general election（総選挙）
- presidential election（大統領選挙）
- primary election（予備選挙）
- local election（地方選挙）
- gubernatorial election（知事選挙）

governor 名 知事
↓
govern 動 統治する

投票

- vote (動 投票する)
- suffrage (名 選挙権)
- ballot (名 投票用紙)
    - absentee ballot (不在者投票用紙)
        - → 形 absent (不在の、欠席の)
        - → 名 absence (欠席、不在)
- be elected (当選する)
- runner-up (名 次点者)
- floating votes (浮動票)
- plurality (名 得票差)
    - → 形 plural (複数の)
        - ↕
        - singular (形 単数の)

候補

- run for ~ (~に立候補する、出馬する)
- candidate (名 候補者) → hopeful candidate (有力候補)
- campaign (名 選挙運動) → shoo-in (名 最有力候補)
- campaign pledge (公約)
- incumbent (形 現職の) → predecessor (名 前任者)
    - ↕
    - successor (名 後継者)
- succeed → 名 succession (連続、継承)
    - → 動 継承する、成功する
    - → 名 success (成功)

No. 049 じゃまをする

interrupt 〔割り込んで〕

inter + rupt → 間をこわす
between break
→ 動 じゃまをする、中断する
- May I interrupt you?
  (ちょっとよろしいですか)
→ interruption
  名 妨害、中断

-rupt = break（こわす）

bankrupt
bank + rupt → 銀行をこわす
→ 名 破産者
  形 破産した
→ bankruptcy
  名 破産

じゃまをする
interrupt, disturb, obstruct, hinder, interfere

hinder
動 妨げる
→ hindrance
  名 妨害、じゃまもの

obstruct 〔障害物によって〕

ob + struct → 対抗して建てる
against build
→ 動 ふさぐ、さえぎる、妨げる
- Fallen rocks obstructed the road.
  (落石が道路をふさいでいた)
→ obstruction
  名 障害（物）、妨害

interfere

（手出し、口出しをして）

動 妨げる、干渉する

interfere with A（Aを妨げる）
- The hot rodders interfered with my sleep.（暴走族が私の睡眠を妨げた）

interfere with〔in〕A（Aに干渉する）
- Don't interfere with me.（私に干渉しないで）

interfere in internal affairs（内政に干渉する）

→ **interference**
   名 妨害、干渉

disturb

（騒いで）

動 妨げる、不安にする、かき乱す
- I'm sorry to disturb you at this late hour.
  （こんな遅い時間におじゃまして申し訳ありません）
- Don't disturb yourself.（どうぞおかまいなく）

disturb the peace（治安を乱す）

人の平安〔睡眠〕を乱す
- Do not disturb.（睡眠中につき入室しないでください）

struct = build（建てる）

construct
con + struct → 建てて一緒にする
together build
→ **動** 組み立てる
→ **construction**　**名** 建設、構造
→ **constructive**　**形** 建設的な

structure
struct + ure → **名** 構造、組織、建物
build　名詞化語尾

犯罪

No. 050

murder
名 殺人、殺人事件
- Murder will out.
  (殺人は必ず露見する
  → 秘密〔悪事〕は必ずばれるものだ)〈諺〉

commit murder (殺人を犯す)

---

murderer (殺人犯)
killer (殺人犯、殺し屋)
body, corpse (死体)
- His body was found mutilated in pieces.
  (彼はバラバラ死体で見つかった)

cause of death (死因)

---

kidnap
名 誘拐

kidnapper (誘拐犯)
hostage (人質)
ransom (身代金)
- The kidnapper asked for a ransom of $1 million.
  (誘拐犯人は100万ドルの身代金を要求した)

---

crime
名 罪、犯罪
commit a crime (罪を犯す)
→ criminal

形 犯罪の、刑事上の
- He has no criminal record.
  (彼は前科はない)
criminal case (刑事事件)
criminal law (刑法)

名 犯人

---

theft
名 盗み

stealing (一般的に盗むこと)
theft, larceny
(人に見つからないように盗むこと)
burglary, break-in
housebreaking
(建物に侵入して金品を盗むこと)

serial murders（連続殺人）

mass murder, massacre（大量殺人）

murder in a locked room（密室殺人）

attempted murder（殺人未遂）
- He made three unsuccessful attempts on the President's life.
（彼は大統領の命を3度ねらったが、全て未遂に終わった）

その他の犯罪

drug addiction（麻薬中毒）
- He become addicted (to drugs).
（彼は麻薬中毒になった）

gang（暴力団）

Mafia（マフィア）

bombing（爆破）

time bomb（時限爆弾）

hijack（ハイジャック）

hijacker（ハイジャック犯）

corruption（汚職）

bribery（贈収賄）

bribe（わいろ）

steal (steal-stole-stolen)
（動 盗む）

steal A from B（BからAを盗む）
- He stole money from the safe.
（彼は金庫から金を盗んだ）
- I had my car stolen.
（私は車を盗まれた）

rob

rob A of B（動 AからBを強奪する）

robber（強盗）

thief（〈複〉thieves）（こそ泥）

burglar（押し入り強盗）

pickpocket（すり）

shoplifting（万引き）

shoplifter（万引き犯）

bank robbery（銀行強盗）

gang (of robbers)（強盗団）

stolen goods（盗品）
- These jewels are hot.
（これらの宝石は盗品だ）

No. 051 — 酒、タバコ

火をつける
light-lit-lit

light a cigarette (タバコに火をつける)

ガンの原因
cause of cancer

健康に悪い
bad for our health
harmful to our health

禁煙
- Smoking is forbidden. (禁煙です)
- Smoking is not allowed here. (ここは禁煙です)
- Smoking is prohibited by State law.
(喫煙は州法で禁止されている)

quit smoking (禁煙する)

タバコ
tobacco, cigarette

ガンになりやすい部位
- 肺 → lung
- 胃 → stomach
- 大腸 → large intestine
- 肝臓 → liver

- Do you mind if I smoke?
  気にする
  (タバコを吸ってもいいですか)
- No, I don't. (Go ahead.) (どうぞ)
- Yes, I do. (いいえ、吸わないでください)
- Would you prefer the smoking or nonsmoking section?
  (喫煙席、禁煙席どちらになさいますか)
- My eyes smart from the smoke.
  ひりひり痛む、利口な
  (煙が目にしみる)

"Smoke Free"
禁煙
↓
duty-freeと同じ用法

酒
liquors

drink a lot（上戸）
↕
heavy drinker（酒飲み）
drunk easily（下戸）
booze（酒） → **boozer（酒飲み）**

飲み屋
bar（居酒屋）(英国ではpub)
tavern（酒場）
saloon（大きな酒場）

酒の強さ
strong liquor（強い酒）
↕
mild liquor（弱い酒）

飲み方
gulp down（ガブ飲みする）
drink up（グイッと飲み干す）
sip（チビチビ飲む）

- Let's go for a drink.
  （一杯飲みに行きましょう）
- I went for a drink with him for company.
  （付き合いで彼と飲みに行った）
- Put my drinks down on the bill.
  （私の飲んだ分はつけにしておいてください）
- Let's go Dutch.（割り勘にしよう）

いろんな酔い方
hangover（二日酔い）
seasick（船酔い）
motion sickness（乗り物酔い）
- She is drunk with joy.
  （彼女は喜びに酔いしれている）
carry away（陶酔させる）

いろんな飲む
slow to learn（飲み込みが遅い）
swallow one's tears（涙を呑む）
take one's breath away（息を呑む）

飲み会
welcoming party（歓迎会）
farewell party（送別会）
year-end party（忘年会）

No. 052 環境

pollution
名 汚染

ecosystem（生態系）
↓
ecology（生態）

air pollution（大気汚染）
water pollution（水質汚染）
soil contamination（土壌汚染）
↓
動 pollute（汚す）
emission（排気ガス）
↓
動 emit
emission control（排ガス規制）
sewage disposal（汚水処理）
↓
sewer（排水溝）

circumstances
名 事情、状況、環境

under any circumstances
（どんな場合でも）

according to circumstances
（場合によっては）

- That depends on circumstances.
（それは場合による）

環境
circumstances, environment

例えば →
solar power（太陽熱）
wind power（風力）
geothermal power（地熱）
　　　↑地球　↑熱の

alternative energy
（代替エネルギー）
energy saving
（省エネ）

environmental protection ＝ environmental conservation（環境保護）
　protect（守る）

environmental pollution

公害

acid rain (酸性雨)
- alkaline = basic (アルカリ性の、塩基性の)
- neutral (中性の)

photochemical smog (光化学スモッグ)

global warming (地球温暖化)

greenhouse effect (温室効果)

ozone depletion (オゾン層破壊)
→ 動 deplete (〜を減らす)

greenを使って

green company (環境重視の企業)

act green (環境に優しい行動を取る)

nuclear energy

核エネルギー

nuclear fuel (核燃料)

enriched uranium (濃縮ウラン)
→ en- (〜にする、中に) + rich (豊富な)

reactor (原子炉)
→ 名 reaction (相互作用、反応〈リアクション〉)

atomic energy (原子力)
→ 名 atom (原子)

nuclear power generation (原子力発電)

garbage

名 ごみ

recyclable (資源ごみ)

flammable (可燃ごみ)
→ flame (炎)

non-burnable (不燃ごみ)
燃やす

industrial waste (産業廃棄物)

spent nuclear fuel (使用済核燃料)

natural environment

自然環境

tropical rain forest (熱帯雨林)

threatened species (絶滅危惧種)

extinct species (絶滅種)

struggle for existence (生存競争)

natural selection (自然淘汰)

No. 053 財産

property
名 財産、資産、所有権、特性
- literary property (著作権)
- real property (不動産)
- personal property (私有財産)

- appropriate (適切な、ふさわしい)
- proper (適当な、固有の) → properly (きちんと)
- propriety (礼儀)
- proprietary (財産の)
- proprietor (所有者)

quality (特性、性質)

estate
名 財産(相続対象)、地所
- estate tax (相続税)
- real estate (不動産)
- estate agent (土地ブローカー)
- estate car 〈英〉(エステイトカー)
- ＝station wagon 〈米〉(ステーションワゴン)

possession
名 所有物、(複数形で)財産

- possessive (所有の)
- possess (所有する)
- possessed (とりつかれた)
- occupy (占有する)
- occupation (職業、占領)
- profession (職業)
- professor (教授)

fortune

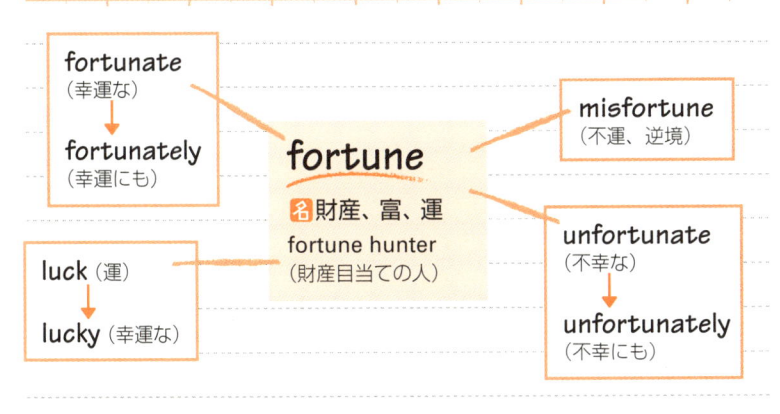

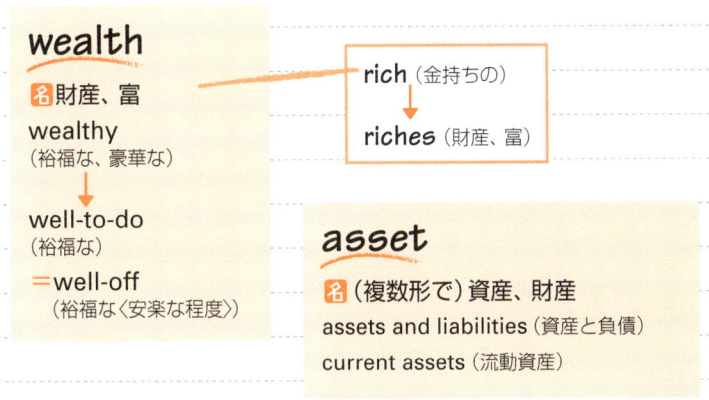

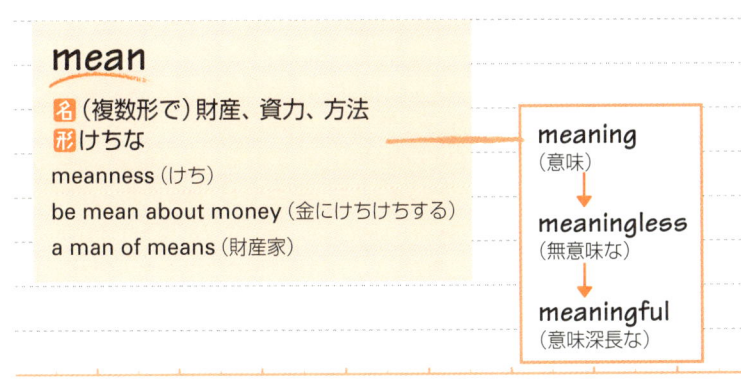

名 財産、富、運
fortune hunter
(財産目当ての人)

- fortunate (幸運な) → fortunately (幸運にも)
- luck (運) → lucky (幸運な)
- misfortune (不運、逆境)
- unfortunate (不幸な) → unfortunately (不幸にも)

wealth

名 財産、富
wealthy
(裕福な、豪華な)
well-to-do
(裕福な)
=well-off
(裕福な〈安楽な程度〉)

- rich (金持ちの) → riches (財産、富)

asset

名 (複数形で) 資産、財産
assets and liabilities (資産と負債)
current assets (流動資産)

mean

名 (複数形で) 財産、資力、方法
形 けちな
meanness (けち)
be mean about money (金にけちけちする)
a man of means (財産家)

- meaning (意味) → meaningless (無意味な) → meaningful (意味深長な)

No. 054 会社で見る略語

文書

c/o	(in) care of （気付、～様方）	→ take care of（～の世話をする） ↳ deal with（～の処理をする）
encl.	enclosure（同封物） ↓ enclose（同封する） ↓ disclose（暴露する） ↓ disclosure（暴露、摘発）	
P.O.	postal order（郵便為替）	
sig.	signature（サイン）	→ sign（サインする、しるし） ↳ signal（信号、合図）
e.g.	exempli gratia = for example = for instance（例えば）	
i.e.	id est = that is to say = namely（すなわち）	
cf.	confer（参照せよ、相談する）	→ conference（会議）

Eメール

ASAP	As Soon As Possible（できるだけ早く）
FYI	For Your Information（ご参考までに）
TYIA	Thank You In Advance（よろしくお願いします）
cc	carbon copy（メールのコピーを送ること、参考送付）
bcc	blind carbon copy（非公式な参考送付、こっそり参考送付すること）

組織

Co.	company	（会社）
Inc.	incorporated	（株式会社〈米〉）
Ltd.	limited	（株式会社〈英〉）
Dept.	department	（部門、課）

depart（立ち去る、離れる） → departure（出発）

apart（離れて、区別して） → apartheid（アパルトヘイト＝人種隔離政策）

肩書き

Dr.	doctor	（博士、医者）
Prof.	professor	（教授）
Mgr.	manager	（部長、マネージャー）
CEO	Chief Executive Officer	（最高経営責任者）
CFO	Chief Financial Officer	（最高財務責任者）
COO	Chief Operating Officer	（最高業務責任者）
MBA	Master of Business Administration	（経営学修士）

management（経営、管理）

bachelor（学士）
master（修士）
doctor（博士）

No. 055 裁判

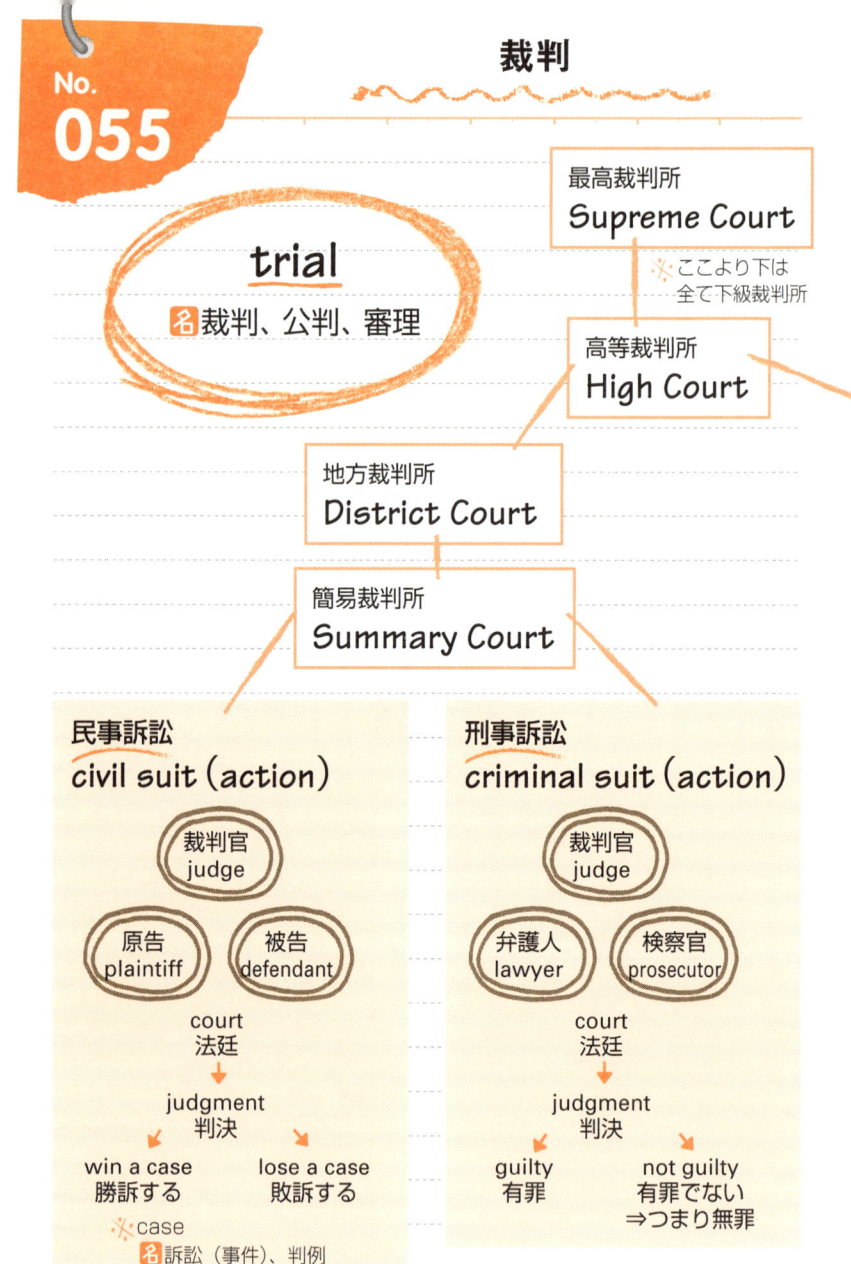

trial
名 裁判、公判、審理

- 最高裁判所 **Supreme Court**
  ※ここより下は全て下級裁判所
- 高等裁判所 **High Court**
- 地方裁判所 **District Court**
- 簡易裁判所 **Summary Court**

民事訴訟 civil suit (action)

- 裁判官 judge
- 原告 plaintiff
- 被告 defendant

court 法廷
↓
judgment 判決
- win a case 勝訴する
- lose a case 敗訴する

※ case
名 訴訟（事件）、判例

刑事訴訟 criminal suit (action)

- 裁判官 judge
- 弁護人 lawyer
- 検察官 prosecutor

court 法廷
↓
judgment 判決
- guilty 有罪
- not guilty 有罪でない ⇒つまり無罪

※ appeal 動 上訴、抗告する

家庭裁判所
Family Court

離婚訴訟　　　　**少年審判**
divorce suit　**juvenile proceedings**

※ infancy 名 未成年

集団訴訟（class action）
→ 米国にあるが日本にはない制度。公害訴訟等で
陪審制度（jury system）
→ これも日本にはないが米国、英国で用いられている

No. 056 戦争

encounter
(名 交戦　動 ばったり出くわす)
→ counter (反対の、対立した)

類義語

battle

名 戦い、合戦
(warの中の一つの戦いを指す)
close battle (接戦)
fight a losing battle (負け戦をする)
battalion (大隊)
battlefield (戦場)

quarrel
(名 口げんか)

類義語

fight

名 合戦 (battleと同じ)、論争
stand-up fight (正々堂々の戦い)
fight against disease (闘病)
fighting spirit (闘志)

argument
(名 議論)

war

名 戦争、戦い
(戦争全体を表す)
warfare (戦争、交戦状態)
at war with (〜と不和で)
lose a war (戦争に負ける)
civil war (内戦)
defensive war (自衛戦争)
nuclear war (核戦争)

類義語

hostilities
(名 戦い)
→ hostile (敵の)
→ hostage (人質)
↔ friendly (友好的な)

combat

名 戦争　**動** 戦う
（武装して行うfight）
combat car（戦車）
in combat（戦闘中の）
combatant（戦闘員）

unarmed（非武装の）
↑
↓
armed ── armor
（**形** 武装した）　（よろいかぶと）
↑
↓
armament（装備、兵火器）

weapon
（武器、攻撃の手段 → 戦争用に限らない）
- He used a golf club as his weapon.
（彼はゴルフクラブを武器にした）

conflict

名 戦闘、争い、論争、（思想、利害の）対立
動 矛盾する
conflict between the generations
（世代間の対立）

conflicting
（**形** 相反する、一致しない）

struggle

名 闘争　**動** 戦う、骨折る
struggle for existence（生存競争）
struggle to escape（逃げようともがく）

類義語

contend
（**動** 困難や障害と戦う）
contend for freedom
（自由のために戦う）
→ **名** contention（闘争）

contest
（**名** 勝利への戦い、コンテスト
動 争う、競い合う）

No. 057 数字を使わない数表現

uni-

ラテン語のunusに由来し、「単一の」を意味する

- unicorn 名一角獣
- uniform 形同一の 名制服
- union 名結合
- unique 形唯一の
- unit 名単位
- universal 形万国の、宇宙の 名全体
- university 名大学

mono-

ギリシャ語のmonosに由来し「単一の」を意味する

- monandry ← monos + andros 夫 名一夫制
- monarchy ← monos + arches 支配する人 名君主制
- monochrome 名単色画
- monodrama 名ひとり芝居
- monologue 名独白
- monopoly 名独占
- monotone 名単調

amphi-

ギリシャ語のamphi-に由来し、「両方」「両側」「周囲」を表す

- Amphibia 名両生類
- amphitheater 名円形劇場

bi-

ラテン語のbi-に由来し、「2回」「2つ」を表す

- bilateral 形両側の 名二者会談
- bipolar 形両極の
- bisexual 形両性愛の

di-

ギリシャ語のdisに由来し、「2つの」「2倍の」「2重の」を表す

- diacid 形二酸(性)の
- dilemma 名ジレンマ、窮地

duo/du-

ラテン語のduoに由来し、「2」「2つの」を表す

- doubt 動疑う 名疑い
  ※「2つの心を持つ」から
- dual 形2の、2重の
- duel 名決闘 動決闘する
- duo 名二重奏、2人組
- duodecimal 形12分の1の、12の
- duplex 形2倍の、2重の
- duplex apartment 複層式アパート
- duplex house 二世帯住宅
- duplication 名二重の状態、複製

tri- ③

ラテン語のtres,tria,ギリシャ語のtreis,triaに由来し、「3」「3倍の」「3重の」を意味する

treble	形3倍の、最高音部の、treble clef ト音記号	tripartite	形3つに分かれた
triangle	名三角形	triple	形3倍の / 名3倍の数や量
triceratops	名トリケラトプス（三角竜）	tripod	名（カメラ等の）三脚
tricolor	形三色の / 名the T- フランス国旗	trisect	動〜を3等分する
tricycle	名三輪車		
trinity	名the T- 三位一体		
trio	名三重奏、3人組		

quadr/quadru/quartus- ④

ラテン語のquattuor,quadri-に由来し、「4」「2乗」を意味する

quadragenarian	名40歳(代)の人 / 形40歳(代)の	quarterly	形年4回の、季ごとの / 名季刊誌 / 副年4回、3ヶ月ごとに
quadrangle	名四角形	quartet (te)	名四重奏、4人組
quadrant	名四分円(弧)	square	名正方形 / 形平方の、直角の
quadroon	名黒人の血を1/4受けている黒白混血児		
quarter	名4分の1		

5

penta-

ギリシャ語のpenteに由来し「5」を意味する

- pentacle = pentagram 名星形五角形
- pentagon 名五角形、the P- 米国防省
- pentathlon 名五種競技

quint-

ラテン語のquintusに由来し「5番目の」を意味する

- quintet 名五重奏、5人組
- quintuplet 名5つ子の1人、5個の組み合わせ

6

hex-

ギリシャ語のhexに由来し「6」を意味する

- hexadecimal 形16進法の
- hexagon 名六角形
- hexapod 名六脚虫、昆虫

sex-

ラテン語のsexに由来し「6」を意味する

- sexagenarian 形60歳(代)の 名60歳(代)の人
- sextet(te) 名六重奏、6つ1組

7

hept-

ラテン語のheptaに由来し「7」を意味する

- heptagon 名7角形

sept-

ラテン語のsepiemに由来し「7」を意味する

- September 名9月
  ※7番目の意味、9月はローマ暦では7月にあたる
- septennium 名7年間、7年期
- septet(te) 名七重奏、7つ1組
- septuagenarian 形70歳(代)の 名70歳(代)の人
- septuple 形7倍の、7重の 動7倍にする

octa/octo- 8

ラテン語のocto、ギリシャ語のoktoに由来し「8」を意味する

octachord	名 1オクターブ
octagon	名 八角形
octahedron	名 八面体
octave	名 オクターブ
octet	名 八重奏、8つ1組
October	名 10月
	※ 8番目の意味
octopus	名 タコ、広範囲に強力な支配力や組織を有する団体
octoroon	名 黒人の血を8分の1有する黒白混血児
octuple	形 8倍の　動 8倍にする

ennea- 9

ギリシャ語のenneaに由来し「9」を意味する

ennead 名 9人組、9つ1組のもの
enneagon 名 九角形

nona/non-

nonagenarian	形 90歳（代）の
	名 90歳（代）の人
nonagon	名 九角形
nonet	名 九重奏
November	名 11月
	※ 9番目の意味

10 dec-

ギリシャ語のdeka、ラテン語のdecemに由来し「10」を意味する

decade	名 10年間、10個からなる1組
decagon	名 十角形
Decameron	名 「10日物語」

※ もとはギリシャ語、10日目に1話ずつ話されたの意味

decameter	名 10メートル
decathlon	名 十種競技
December	名 12月
	※ 10番目の意味

No. 058 かしこい

clever Dick
(自信家)

get clever with ~
(〜を出し抜く)

stupid
形 バカな
- I'm so stupid that I can't remember the formula.
(私はバカなのでその公式を思い出せません)

clever
形 賢い、利口だ
- She is clever to come through that crisis.
(あの危機を乗り切るとは彼女は頭が良い)

理解力、学習能力 ← **かしこい**

bright
形 利口な
- What a bright idea it is!
(それはいい考えです)

強めると

intelligent
形 知能が高い、聡明な
- You're by far more intelligent than I thought.
(あなたは私が思っていたよりもはるかに聡明です)

brilliant
形 並外れて賢い、きわめて優秀な
- My son must be brilliant.
(うちの息子はすばらしく優秀にちがいない)

intellectual
形 理性的な、知性の
- Our company makes much of intellectual property.
(我々の会社は知的所有権を重視します)

cute
(利口な)

cute trick
(利口なやり方)

brilliant-cut
(〈宝石の〉ブリリアント・カット)

unintelligent
(無知な)

wise

形 賢明な、
(悪い意味で)こざかしい

- A word is enough to the wise.
  (一を聞いて十を知る)〈諺〉
- He gave the whole story with a wise shake of his head.
  (彼は物知り顔で頭を振っててん末を語りました)

気が利く、分別ある

witty

形 機知のある

- He showed a great deal of wit in getting over the difficulty.
  (彼は大いに機転を利かせて難局を切り抜けた)

wit
(ウィット、機知、分別)

have no wits
(分別がない)

sharp

形 頭の切れる、ずる賢い

- My mother is too sharp for me.
  (母は私より一枚上手です)

shrewd
(利口な、如才ない)

shrew
(口やかましい女性)

sharp-cut

鋭利な

sharp-pointed (角ばった)

sharp-tongued (辛辣な)

sharp-eyed (目がよく利く)

sharp-witted (利口な)

No. 059 選ぶ

選ぶ -lect

collection
(収集、寄付金、新作発表会)
collection box（募金箱）
- I have a large collection of miniature cars.
（ミニカーの大コレクションを持っています）

collective
(収集された、集団の、共同体)
collective agreement（労働協約）

collector
(集金人、収集家)
collector's item
（収集家にとって値打ちのある物）

gather
集める
＝
collect
動 集める、気持ちを落ち着かせる
形 着払いの
collect call
（コレクトコール、受信人払い）
- My hobby is collecting antiques.
（私の趣味は骨とう品を集めることです）

※発音に注意

correct
(正しい、訂正する、罰する)

correction officer
(看守)

elect
動 投票で選ぶ、選任する
形 選ばれた

※発音に注意

vote
(投票する)

erect
(直立した、立てる)

election
(選挙、投票、選択)

election returns
(開票結果)
- Election returns will be announced at eight.
（開票結果は8時に発表されます）

― これも「選ぶ」―

choose
(欲しいものを)選ぶ
(役職等に)選ぶ
望む → 選ぶ方法が投票ならelect

cannot choose but ~
(～せざるをえない)

- There is nothing to choose between my work and yours.
(私と君の作品の間に優劣は全くない)

名詞 →

choice
選択
選択の自由
精選した

- The choice is yours.
(選択権はあなたにあります)

pick 入念に選ぶ、摘みとる
opt どちらかを選ぶ
→ option

selectee
(選ばれた人)

⇔

selector
(選ぶ人、選挙人〈米〉)

select
動 選び出す　**形** 選ばれた

- She was selected for the lead from among 1,000 applicants.
(彼女は1000人の応募者の中から主役に選ばれました)

select hotel
(上等のホテル)

select school
(入学者限定の学校)

elector
(選挙人、有権者)

‖

voter

electoral vote
(選挙人投票〈米〉)

※米大統領の投票はelector
(選挙人)が行い、electorは
popular voteで選ばれる

selection
(選ぶこと、選ばれること、極上のもの)

natural selection (自然淘汰)

- Here's a best selection of short stories.
(こちらが短編の精選集です)

- I must make a selection from these trial products.
(これらの試作品の中から選択しなければならない)

133

No. 060 種

season

名 季節、旬、シリーズもの　動 味つけする、(ユーモアを)添える、木材が乾燥する、慣れる

- We always take our vacation at the off season.
（我々はいつもオフシーズンに休暇をとります）
- Her explanation was seasoned with wit.
（彼女の説明はウィットがきいていた）

原義「種をまく」　　**語源は同じ**

seasonal

形 季節の、季節的な

- I designed a seasonal business.
（季節限定のビジネスを企画しました）

seasonal workers
（季節労働者）

seasonal affective disorder
（季節性衝動障害）

seed

名 種、根源、精子、シード選手
動 種をまく、種ができる、とうがたつ

- Cabbage has gone to seed.
（キャベツはとうがたってしまっている）
- I'm going to seed spinach in a field today.
（今日は畑にホウレン草をまく予定です）

seedsman
種をまく人

seasoning

名 味つけ、調味料（＝seasoner）、面白味、木材の乾燥、順応

- You must have used a large amount of seasoning.
（君は多量の調味料を用いたに違いない）

salt 塩	spice 香辛料
pepper こしょう	herb ハーブ
garlic にんにく	sugar 砂糖

語源は同じ

※原義「まく」

sow

動 種をまく、植える
誘発する

- Do you know who sowed discord?
（誰が仲たがいの種をまいたか知っていますか）
- As you sow, so shall you reap.
（種をまいたからには刈り取らねばならない
→ 因果応報）〈諺〉

※同じつづりでも…
sow
メス豚
太った女性
drunk as a sow
（泥酔して）

=sower
種をまく人

at all seasons （年中）

in and out of season （時期を選ばず）

in season （旬で、狩猟期で）

out of season （季節外れで、禁猟期で）

Season's Greetings!
（時候のごあいさつをもうしあげます）

No. 061 インフォメーション

情報 information

news (ニュース)
- coverage (報道、放送)
- media (メディア、マスコミ)
- surfeit of information (情報過多)
- news flash (ニュース速報)
- news blackout (報道規制)
- article (記事)
- reliable source (信頼すべき筋)
  → 動 rely (信頼する)
- 形 newsy (ニュースの多い、おしゃべりな)
  ↕
- 形 newsless (ニュースのない)

inform
動 知らせる
- I informed him of her success.
  (彼女の成功を彼に知らせた)

informationize
動 〜を情報化する
informationized society
(情報化社会)

intelligence (情報、知能)
- espionage (スパイ行為)
- mole (スパイ)
- classified (機密扱いの)
  → 動 classify (分類する)
- operative (探偵、スパイ)
  → 動 operate (働く、作用する)
- 形 intelligent (知的な)
- 副 intelligently (知的に)
- 形 intelligible (わかりやすい)

knowledge (知識)

- scholar (学者)
- scholarship (学識、奨学金)
- learning (学識)
- common sense (常識)
- wisdom (知恵)
- acquirements (知識)
  → 動 acquire (手に入れる)
- attainments (学識)
  → 動 attain (達成する)

知識 ——————— 報告

notice (報告、通知)

- 動 notify (知らせる)
  → 名 notification (通知)
- report (報告)
- reportage (ルポルタージュ)
- announcement (告知)
  → 動 announce (告知する)

informational

形 情報の

形 informative
(知識を与える、有益な)

形 instructive
(教育上ためになる、知識を与える)

No. 062 script

ascribe
- 動 ～に帰する
- 名 -tion ascription（帰属させること）
- 形 -able ascribable（～に起因する）

inscribe
- 動 記す
- 名 -tion inscription（銘刻）
- 形 -tive inscriptive（銘の）

in- 上に

a- ～に

script
名 手書き
原稿
台本

→ scribe（筆記者）
→ Scripture（聖書、経典）

manu- 手で

manuscript
（手書きのもの）

pre- 前に

prescribe
- 動 規定する、処方する
- 名 -tion prescription（処方せん、指図）
- 形 -able prescribable（規定できる）
- 名形 prescript（規則、規定された）
- 形 -tive prescriptive（規定する）

post- 後で

postscript
（追伸）

describe

動 記述する、描写する

名 -tion
description（描写）
beyond description（筆舌に尽くしがたい）

形 -tive
descriptive（描写的な）

形 -able
describable（描写できる）

de- 下に

re- 再び

rescript
（書き直し）

pro- 公に

proscribe

動 禁止する

名 -tion
proscription（禁止）

sub- 下に

subscribe

動 予約する、寄付する

名 -tion
subscription
（寄付、購読契約）

名 -er
subscriber
（予約者、寄付者）

形
subscript
（下に書いた、下げて書いた）

trans- 上から

transcribe

動 書き写す

名 -tion
transcription
（転写）

名
transcript
（写し）

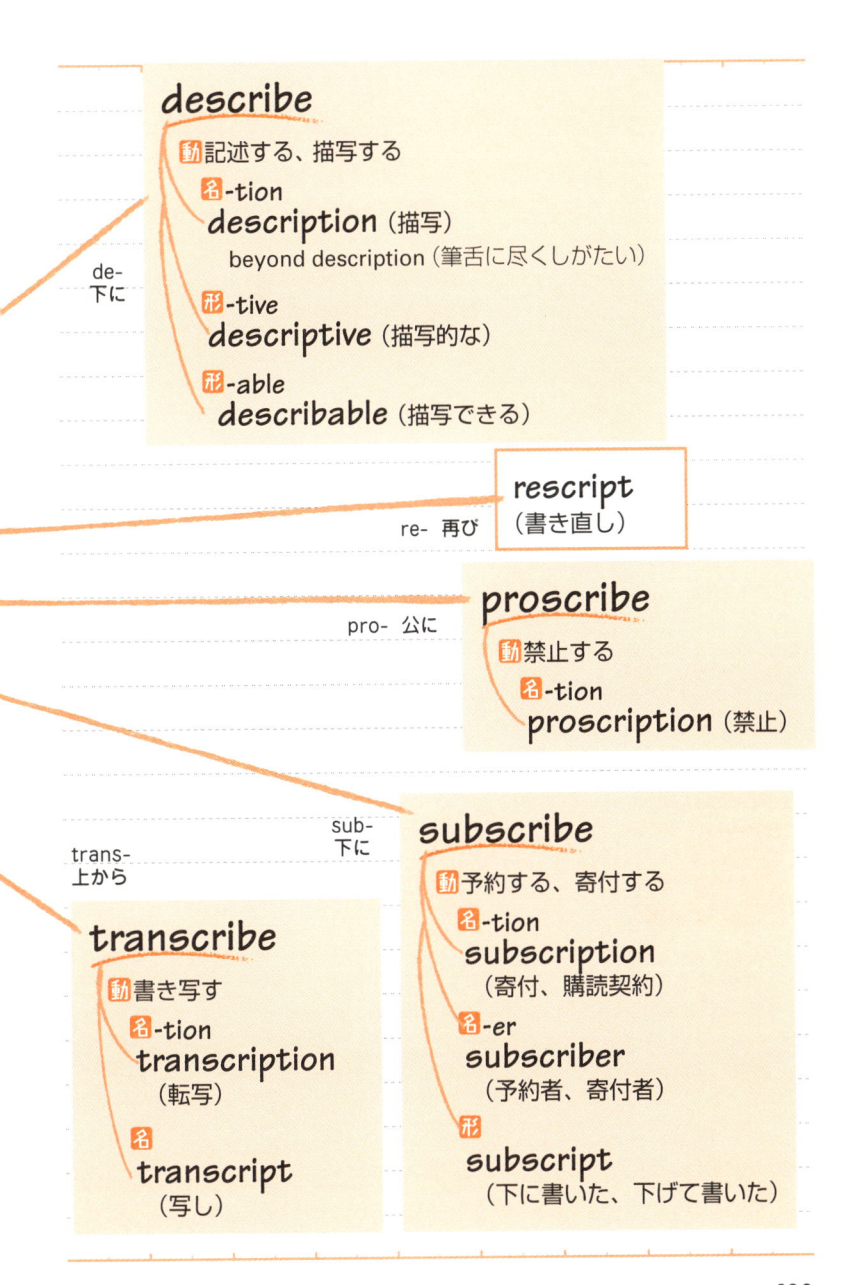

No. 063 「自然」と「人工」

- I went to the beauty salon to have a permanent yesterday.
（昨日パーマをかけに美容院へ行きました）
permanent wave（パーマ）

unnatural smile ） （つくり笑い）
artificial smile

pretend to weep（うそ泣きする）

human science（人文科学）

artificial tears（うその涙）
artificial respiration（人工呼吸）

social science（社会科学）

artificial turf（人工芝）
artificial skin（人工皮膚）
artificial snow（人工雪）
artificial flower（造花）

artificial sweetener（人工甘味料）

- This artificial flower is made perfectly.
（この造花はうまくつくられています）

painless childbirth（無痛分娩）

artificial leg（義足）
artificial tooth（入れ歯）
artificial planet（人工惑星）
artificial intelligence（人工知能）

artificial
形 人工の

- Artificial intelligence is not absolutely perfect.
（人工知能は必ずしも完璧というわけではありません）

artificial satellite（人工衛星）

artificial language（人工言語）

- Today we'll launch an artificial satellite.
（今日人工衛星を打ち上げます）

man-made disaster（人災）

social phenomenon（社会現象）

natural 形 自然の

natural wave（天然パーマ）

natural science（自然科学）
- Mathematics and physics are natural science.
（数学と物理は自然科学です）

sweetening
（天然）甘味料

natural childbirth
（自然分娩）

natural language
（自然言語）

natural disaster（天災）
- Earthquake is thorough natural disaster.
（地震はまぎれもない天災です）
Act of God（不可抗力）

natural phenomenon
（自然現象）

natural death（自然死）
- I want to die a natural death.
（自然死したいものです）

spontaneous combustion
（自然発火）

natural enemy（天敵）
- A snake is natural enemy for a frog.
（蛇は蛙にとっての天敵です）

natural gas（天然ガス）
natural life（寿命）
natural resources（天然資源）
human resources（人材）
natural parents（実父母）
　↔ adoptive parents（養父母）
natural functions（生理現象）
　= bodily functions

natural athlete（生まれながらの運動選手）
- He must be a natural swimmer.
（彼は生まれつきの泳ぎ手にちがいない）

No. 064 競争する

compete
動 競争する
- You are going to compete with three others to win your promotion.
（あなたはその地位を得るのに3人の相手と競い合おうとしている）

派生語 →

competition
名 競争、競技会、コンテスト

競技会では あなた以外は →

competitor
名 競争相手
- The competitor is very strong this time.
（今度の相手はとても手強い）

類義語 →

勝つために 必要なのが →

competence
名 能力、適正
- I have no doubt of my competence for the task.
（私は自分にその仕事をする能力があると信じている）
※その他にも
ability 名 能力（ableの名詞形）
capacity 名（潜在的な）能力、収容能力

Congratulations! （おめでとう！）

win
動 勝つ
- You won the promotion.
（その地位を勝ち取った）

派生語

competitive
形 競争の、競争的な
- To tell the truth, I don't have the competitive spirit.
（実を言えば私には競争心がない）

（そこで結果は）

lose
動 失う、見失う、負ける
- To make matters worse, you lost your job, too.
（さらに悪いことにあなたは仕事も失った）

派生語

contender
名 競争者（特にスポーツ等で）
※「コンテンダー」という映画がある

loser
名 負ける人、負けた人
- Losers are always in the wrong.
（負け犬の遠吠え）

（元をただせば）

contend
動 競争する

（さらにこんな名詞も）

派生語

contest
名 コンテスト

loss
名 失うこと、損失
（≒damage）
- The loss to me was great.
（私の損害は多大であった）

be at a loss（途方にくれる）
- I was at a loss for words, when I lost my job.
（私は仕事を失った時、言葉につまりました）

No. 065 数える

countless
形 数え切れない
the countless stars in the sky
（空の無数の星）

counter
名 勘定台、カウンター

派生語

派生語

count
動 数える、勘定に入れる
名 計算、総数
- You can't count on my help.
（あなたは私の助けに頼ってはいけない）

dis-がついて

discount
動 割引する
名 割引
student discount
（学生割引）

aがつくと

account
名 計算、銀行口座、勘定書、説明
open an account with this bank
（この銀行に口座を開く）

account for ~ (～を説明する、占める)

- The alteration is quite easy to account for.
(その変更の理由は容易に説明できる)

account for (= amount to) 30 percent of all traffic accidents
(交通事故の3割を占める)

take account of ~ = take ~ into account
(～を考慮に入れる)

- I will take that suggestion into account.
(その提案を考慮に入れるつもりだ)

  ※ このaccountはconsideration (考慮) に同じ

accountability
名(説明) 責任、責務

会計(お金)を
扱うなら…

accounting
名会計、計算、経理

accountant
名会計士

certified public accountant
(公認会計士)

会計を
扱う人は

145

No. 066 知る

「身をもって知る」系

experience
動 経験する、経験で知る　**名** 経験、経験で得た知識

↓原義

「試みによって得た知識」

- I have heard enough of his life experience.
（彼の人生経験は耳にタコができるほど聞きました）

example = sample

(ex) ample = sample
例　　　　　経験して知る
見本　　　　見本をとる・見本で試す、見本・標本

- Example is better than precept.
（実例は教訓にまさる → 論より証拠）〈諺〉
- She sampled the difficulty of management.
（彼女は経営の難しさを身をもって知りました）

知る
知っている

「悟る」系

discover
動 発見する、知る、悟る

[dis] + [cover]
取り除く　覆い

- She appears to discover me to be reliable.
（彼女は私が信頼できるとわかったようだ）

find
動 知る、悟る、わかる、（失くしていたものを）見つける
名 発見

- I found her to be clever with her hands.
（彼女は手先が器用なことがわかった）

find oneself
（気がつく、自分の天職を発見する）

find it in oneself to do
（〜する気になる）

「認識する」系

learn
動 耳にする、知る
- It is learned that he is a devoted husband.
(彼は愛妻家で知られている)

perceive
動 知覚する、知る
- I perceived my mother walk in the opposite direction.
(私は母が反対方向へ歩いているのに気がついた)

read
動 読んで知る
- I read in the paper that he got married.
(彼が結婚したことを新聞で知った)

see
動 見て知る、理解する
- I see what she means. (彼女の言いたいことはわかります)

know
動 わかる、理解している、識別する
- He didn't know fact from fiction.
(彼には事実と虚構の区別がつかなかった)

know of ~
(~を間接的に知っている、~のことを聞いている)

「知識を持つ」系

understand
動 理解する、理解している
- I understand your hardship perfectly.
(あなたの苦境は十分に理解しています)

know about ~
(~について知っている)

tell
動 ~を知る、~がわかる
- I can't tell why she has gone. (なぜ彼女が行ってしまったかわからない)

know
動 知る、知っている、わかる、理解している
- Don't you know that? (そんなことも知らないの)

No. 067 投げる

投げる - ject -

objective
(名 達成可能な目標、目的格、形 目的の、客観的な)
- I need your objective answer.
（あなたの客観的な回答が必要です）

objectivity
(名 客観性、客観主義)

objection
(名 反対、異議、欠点、難点)
- Objection!
（異議あり！）

object
(〜へ向かって + 投げる)
名 物、対象、目的、目的語
動 異議を唱える
- My son pointed an unidentified flying object.
（息子がUFOを指さしました）
- Salary is no object.
（給料は問いません）

ob -

projectionist
(名 映写技師)

pro -

project
(前へ + 投げる)
名 計画、課題
動 見積もる、発射する、投影する
project oneself
（自分の考えを表現する、〜の身になって考える）
- We must carry out this project secretly.
（我々はこの計画を内密に遂行しなければならない）
- The economy is projected to improve.
（経済は好転すると予測されています）

projection
(名 発射、投影、見積り、突起部)
- This projection is too optimistic.
（この見積りはあまりにも楽観的です）

projector
(名 映写機、計画者)

projective
(形 投影の)

subjectivity
(名 主観性)

subjective
(形 主観の、想像上の、主語の)
- I think that your judgment is too subjective.
(あなたの判断は主観的すぎると思います)

sub-

subject
(下へ + 投げる)
名 題目、学科、主語、臣民、被験者
形 従属している、必要とする
動 服従させる
- What's the subject for your complaint?
(あなたの不平の原因は何ですか)

be subject to ~ (~に左右される)
to change the subject (ところで)

subjection
(名 征服、服従)
- She didn't live in subjection to her parents.
(彼女は両親の言いなりにはならなかった)

re-

reject
(もとへ + 投げる)
動 拒絶する、捨てる
名 不合格者、不良品
- I'm sorry, but I must reject your proposal.
(申し訳ありませんが、あなたの提案を却下しなければなりません)
- She rejected letters from her ex-boyfriend.
(彼女は前の恋人からの手紙を捨てた)

e-

eject
(外へ + 投げる)
動 追い出す、はじき出す、(パイロットが)緊急脱出する、退場させる
- Policemen ejected the outlookers.
(警官らは野次馬を追い出しました)

ejection
(名 放出、放出物、放逐)

rejection
(名 拒絶、不合格〈通知〉)

ejector
(名 放出者、排出装置、除去装置)

No. 068 語尾に-toughをつけて

> **though**
> (〜ではあるけれども＝although)
> (とはいっても〜であるけれど、でも)
> → as though＝as if (まるで〜のように)
> → even though≒even if (たとえ〜にしても)

although

接 〜であるけれども、〜にもかかわらず

×even although

- Although she takes care of her cat, it isn't attached to her.
(彼女は猫の世話をしているが、猫は彼女になついていない)

＝while (〜だけれども)
- While I don't like green tea, I like tea ceremony.
(私は緑茶が好きではないけれども、茶道は好きです)

＝for all 〜 (〜にもかかわらず、〜であるけれども)

＝when (〜なのに、〜だけれども)

> **through** (〜を通り抜けて、〜を通じて、まったく)
> through traffic (車両通行可)
> through and through (まったく、徹頭徹尾)
> - It's nonsense through and through. (それはまったく無意味です)

thorough

形 徹底的な、完全な

- Playing pachinko is a thorough waste of time and money.
(パチンコは紛れもなく時間と金の無駄づかいです)

＝absolute (絶対の、純粋の)

＝complete (まったくの、完全な)

＝perfect (申し分ない、完全無欠な)

→ thoroughfare (道路、往来)

→ thoroughbred (純血種〔の〕、サラブレッド〔の〕、育ちの良い〔人〕)

→ thoroughly (徹底的に、完全に)

-ough の英単語

> tender (柔らかい) ＝ soft (寛大な、甘い、楽な)
> tender steak (柔らかいステーキ)

tough

形 堅い、粘り強い、難しい
- How tough you are! (なんてタフなんだろう)

get tough with ~ (~につらくあたる)
- He gets too tough with you. (彼は君に厳しすぎるよ)

tough customer (扱いにくい人)

> smooth (スベスベした)

rough

形 ザラザラした、乱暴な、粗野な **名** 下書き
- Don't have such a rough tongue.
  (そんな乱暴な言葉遣いをしてはいけません)

rough and tough (たくましい)

in the rough (未完成のままで)

rough out (大まかに練る)

rough and ready
(間に合わせの、粗野だが有能な)

cough

名 せき **動** せきをする、無理に言わせる

give a cough (せき払いをする)

cough drop (せきどめ)

→ hiccough, hiccup (しゃっくり、しゃっくりをする)
- I cannot stop hiccups. (しゃっくりが止まりません)

→ sneeze (くしゃみ、くしゃみをする)
- When someone makes a sneeze, we say, "God bless you!".
  (誰かがくしゃみをしたら、「お大事に」と言います)

文房具

pen
小さな囲い、おり、ペン
bull pen（〈野球の〉ブルペン）
playpen（ベビーサークル）
- The pen is mightier than the sword.
  (ペンは剣よりも強し)〈諺〉
pen name（ペンネーム）
pen pal（ペンフレンド）
pen（ペン）
　=原義は「羽根」

pencil
鉛筆
　=原義は「小さな尾」
pencil thin（とても細い）
write with a pencil（鉛筆で書く）
pencil sharpener（鉛筆削り）

scissors
ハサミ
scissors-and-paste（安直な）
scission（切断）
scissor（〜をハサミで切る）
a pair of scissors（ハサミ1丁）
- I have cut my finger with scissors.
  (ハサミで指を切ってしまいました)

compass
コンパス
compass saw（糸ノコ）
magnetic compass（方位磁石・コンパス）
draw a circle with compasses（コンパスで円を描く）

stapler
ホッチキス
※「ホッチキス」は商標で、発案者の名前
staple（ホッチキスの針、かすがい、〜をホッチキスでとめる）
staple here: ~
（以下の事項に注意：〜）

rule
規則、支配する
ruler（定規、支配者）
- I won't obey a ruler.
  (私は支配者には従わない)
triangle（三角定規）
T square（T定規）

punch
パンチ、穴あけ器
punch a clock（タイムレコーダーを押す）
punch（げんこつでなぐる、パンチ〈フルーツポンチ等〉）

correct
訂正する、正しい
collectは「集める」
correction fluid (修正液)
fluid (液体)
↕
solid (固体)
- That's correct.
  (そのとおり)
  =That's right.

fountain
泉、インクだめ、噴出する
fountain pen (万年筆)
- There isn't a Fountain of Youth.
  (不老の泉は存在しません)

calculator
電卓
calculate = count
計算する　数える
add (足す)
subtract (引く)
multiply (かける)
divide (割る)

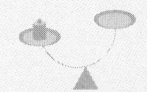

scale
はかり、天秤
hold the scales even (公平に裁く)
turn the scales (決定的な影響を及ぼす)

magnify
拡大する、誇張して言う
magnifier (虫めがね)
- This lens magnifies objects 100 times.
  (このレンズは物を100倍に拡大する)
magnification (拡大、倍率)

glue
のり、接着剤
glue oneself to ~ (~に集中する)
be glued to ~ (~にくぎづけになる)
- I was glued to the woman.
  (私はその女性にくぎづけになった)
adhesive tape (接着テープ)
Scotch tape (セロハンテープ)〈商標〉

eraser
消しゴム
erase (消す)
erasable (消すことができる)
erasure (削除箇所)
- May I erase this item from the list?
  (リストからこの項目を削除してもいいですか)

No. 070 素材 material

plastic
プラスチック
(一般にナイロン、ビニロン、セルロイドも含む)
plastic surgeon (形成外科医)
plastic money (クレジットカード)
plastic wrap (食品包装用ラップ)
- I think that they're plastic elites.
  (私が思うに、彼らはにせもののエリートです)

wood
木
wood alcohol (メチルアルコール)
wood coal (木炭=charcoal)

wooden
木製の
the wooden horse (トロイの木馬)

iron
鉄、(ゴルフの)アイアン
iron alloy (鉄合金)
- Will you iron out my shirt?
  (私のシャツにアイロンをかけていただけませんか)

steel
鋼鉄
stainless steel (ステンレス)
- This bread is as hard as steel.
  (このパンは鋼のように硬い)

pottery
陶器
- Pottery industry is brisk.
  (製陶業は活況です)

porcelain
磁器 = china
porcelain enamel (ほうろう)

glass
(grassは草)
ガラス
glass fiber (グラスファイバー)
glass paper (紙やすり)

tin
ブリキ・すず
tin soldier (おもちゃの兵隊)

platinum
プラチナ

gold
金

silver
銀

jersey
ジャージー

hemp
麻、大麻

polyester
ポリエステル

down
羽毛
- I can't live without a down jacket in winter.
（冬はダウンジャケットなしでやっていけない）

fleece
羊毛・フリース
金品をまきあげる
- We have enough evidence that you fleeced her of her money.
（君が彼女の金を騙し取ったという十分な証拠を握っている）

silk
絹

raw silk（生糸）
artificial silk（人絹）＝rayon（レーヨン）

wool
羊毛（アルパカ、ヤギ等も含む）
毛糸

pull the wool over one's eyes（だます）
dyed in the wool（徹底的な）
woolen（羊毛の、羊毛製の）
- You don't wear a woolen coat in April.
（4月にウールのコートを着てはいけませんよ）

leather
皮革
むちで打つ
- There is nothing like leather.
（自分のものに勝るものはない
→ 手前みそ）〈諺〉

synthetic fiber
合成繊維
＝man-made fiber

patent leather
エナメル革

cotton
綿
好きになる、親しくなる

cotton batting（脱脂綿）
cotton candy（綿菓子）
live in cotton wool（ぜいたくに暮らす）
- Look! He cottons up to executives.
（見て！ 彼が重役たちのご機嫌をとっているよ）

fur
毛皮
- She must have rubbed his fur the wrong way.
（彼女は彼の神経を逆なでしてしまったにちがいない）

crocodile
ワニ皮

ostrich
ダチョウの皮
現実逃避者

No. 071 スピリット

spirit

名 精神、霊魂、気力、蒸留酒　動 元気づける

→ **spirited** （元気のいい、〜精神の）
high-spirited （元気のいい）
low-spirited （意気消沈した）
as the spirit moves 〜 （気が向いたら）

- That's the spirit! （その調子だ）
- Do you believe in spirits? （霊魂の存在を信じますか）

inspire (in-)

動 鼓舞する、霊感を与える、息を吸い込む

- The fortuneteller spoke as if inspired.
  （占い師は霊感を受けたかのように話しかけた）

→ **inspired** （すばらしい、〜風の、吹き込まれた）
government-inspired （政府筋の）
Renaissance-inspired （ルネッサンス風の）

spiritless

形 元気のない

- Why are you so spiritless?
  （どうしてそんなにしょげているの）

spiritual （精神的な、霊的な、気高い）
↕
physical （身体の、物質の）

esprit （仏）

名 エスプリ、機知

sprite

名 妖精

（もとは同じ）　ex-

expire

動 延期になる、終了する、息を吐き出す

- The lease will expire next month.
  （リース契約は来月終了します）

expiry （満了、終了）
expiratory （呼気の）
expiration （満期・終了、息を吐き出すこと）

- Deposit will be returned on the expiration of the lease.
  （リース契約の終了時に保証金が返還されます）

inspirit
動 活気づける、鼓舞する

inspiration
名 霊感、インスピレーション、感激、息を吸い込むこと

under the inspiration of ~（~に刺激されて）
sudden inspiration（突然の霊感）

- Listen to me, I have an inspiration.
  （ちょっと聞いて、名案が浮かんだ）
- I got inspiration from the sea.
  （海から霊感を得ました）

→ **inspiring**（感激させるような）

- I want to write an inspiring book.
  （人を感激させるような本を書きたい）

（似ているけれど）

spirituality
名 精神性、霊性

- I admire her spirituality.
  （彼女の精神性は大したものです）

→ **spiritually**
（精神的に、宗教的に）

mental
形 心の、精神の

mentality（知力、知性）

- He isn't conscious of mental illness.
  （彼は精神病を自覚していません）

physic
名 薬、医業

physician（内科医）
physics（物理学）→ physicist（物理学者）
physical education, physical training（体育）
physical examination（健康診断）

病気の症状

顔・頭

headache（頭痛）

throb（がんがんする）
- My head is throbbing.
（頭ががんがんする）

congest（充血する）

bloodshot eyes（充血した目）
- My ears are singing.
（耳鳴りがする）

cough（咳をする）
- I have a bad cough from a summer cold.
（夏風邪でひどい咳が出ます）

snivel, sniffle（鼻をすする）

fever（熱）
- I don't have much fever.
（大した熱ではありません）

sty（ものもらい）
- You have got a sty in the eye.
（眼にものもらいができていますよ）

bad breath（口臭）
- My boss has a very bad breath.
（私の上司はひどい口臭があります）

glaze（眼のかすみ、眼がかすむ）

sneeze（くしゃみ、くしゃみをする）

dizzy（目まいがする）

white-livered（顔色の悪い）

症状 symptom

chill（寒気）
- I mentioned the chill to my mother.
（私は寒気を母に訴えました）

thirsty（喉の渇いた）

flush（顔が紅潮する）

cold sweat（冷や汗）

hiccup, hiccough（しゃっくり）

toothache（歯痛）
- I couldn't sleep because of a throbbing toothache.
（歯がズキズキ痛んで眠れなかった）

stomachache (腹痛、胃痛)

the gripes (激しい腹痛)

constipation (便秘)

constipate (便秘する)

- I am constipated. I need dietary fiber.
  (便秘しています。食物繊維が必要です)

diarrhea / the shits (下痢)

lax (下痢気味の)

cramp (けいれん)

one's blood pressure goes up (血圧が上がる)

one's blood pressure comes down (血圧が下がる)

appendicitis (盲腸炎、虫垂炎)

内臓・胴

flutter (激しい動悸)

palpitation, beating (動悸)

pant (息切れ、動悸)

off one's food (食欲がない)

- I'm sorry, I'm off my food.
  (すみません、食欲がないんです)

backache (腰痛、背中の痛み)

have a stiff neck (肩こりがする)

- Do you have a stiff neck? I knead your shoulders.
  (肩こりがしますか。私がもんであげましょう)

bloody urine (血尿)

手・足

disjoint (関節をはずす、脱臼させる)

swell, become swollen (むくむ、腫れる)

- His injured ankle was swelling.
  (彼の傷めた足首が腫れてきていました)

itch (かゆい)

- My big toe itches.
  (足の親指がかゆい)

fracture (骨折)

break one's leg (脚を骨折する)

sprain, wrench, twist (捻挫する)

- She twisted her left knee.
  (彼女は左ひざをひねりました)

bleed (出血する)

- You almost bled to death.
  (あなたはもう少しで出血死するところでした)

bruise (打ち身、あざ)

tremble, shake (ふるえる)

- He is shaking from cold.
  (彼は寒気のためにふるえています)

athlete's foot (水虫)

torn muscle (肉ばなれ)

- The athlete has been troubled with torn muscle.
  (その選手は肉ばなれで苦しんでいる)

sore muscles (筋肉痛)

internal bleeding (内出血)

bleed inwardly (内出血する)

「時」と「手段」

way（道、方法）

- all the way（途中ずっと、様々に、完全に）
- *She was talking all the way to the bank.（彼女は銀行につくまでずっと話していた）
- always the way（決まったように起こること、いつものこと）
- *Be on your way!（失せろ！）
- by the way（ところで、道端に）
- *By the way, how is your dog?（ところで、あなたの犬はどうしていますか）
- by way of ~（～を手段として、～経由で）
- *I went to Manchester by way of London.（ロンドン経由でマンチェスターへ行きました）
- cut both ways（諸刃の剣である）
- either way（どちらにしろ）
- every which way（四方八方に）
- go all the way（完全に合意する）
- have a way with ~（魅力がある）
- *He has a way with him.（彼は魅力的です）
- have come a long way（出世する）
- in no way（少しも～ない）
- in one's way（専門で）
- *Psychology is not in my way.（心理学はわたしの専門ではありません）
- one way or the other（なんとかして、どちらでも）
- no way（とんでもない、絶対に）
- *No way, I don't want to eat insects.（とんでもない、昆虫なんて食べたくありません）
- That's the way.（そんなものだ。それはよかった）
- ways and means（財源、手段、方法）

means（方法）

- by means of ~（～によって）
- *I got an information by means of the web.（インターネットで情報を得ました）
- by no means（決して～ない、とんでもない）
- *I am by no means a secret agent.（私は決してスパイではありません）

time (時)

- against time
  (全速力で、わざと時間をかけて)
- ahead of time (定刻より早く)
  ↔ behind time (定刻より遅く)
- all in good time (やがては)
- all the time
  (その間ずっと、いつでも)
- ＊She talked all the time she was making up. (彼女は化粧している間ずっと話していました)
- at all times (いつも)
- at any time
  (いつでも、いつ何時)
- at a time (一度に)
- at no time (決して〜ない)
- at one time (昔は、同時に)
- ＊My mother was a movie star at one time.
  (母はかつては映画スターでした)
- at the same time (同時に)

- at this time of the day
  (今ごろになって)
- ＊Don't give up at this time of the day. (今ごろになってあきらめてはいけない)
- at times (時々)
  = between times
- ＊Drop in on me at times.
  (時々はお立ち寄りください)
- for all time (永遠に)
- for the first time (初めて)
- from time to time (時々)
- in no time
  (あっという間に、すぐに)
- ＊I make you a meal in no time. (すぐに食事を用意しますよ)
- in one's time (以前に)
- in the nick of time
  (かろうじて間に合って)
- in time
  (そのうちに、間に合って)

- by all means
  (ぜひどうぞ、まさにそのとおり、絶対に、どうにかして)
- ＊May I use the bathroom? By all means.
  (お手洗いをお借りしていいですか。どうぞ)
- ＊You should by all means go to the class. (必ず授業に来なさい)
- ＊Will you by all means come with me?
  (なんとか一緒に来てもらえませんか)

No. 074　press

pressure
名 圧力、気圧、血圧、重圧、困難
動 圧力をかける、獲得する

pressure group（圧力団体）
pressure cooker（圧力なべ）

- I know that you put great pressure on him to tell a lie.
（君が彼に対して嘘をつくよう圧力をかけたことを知っています）

-ureをつけて名詞形

press
動 押す、アイロンを当てる、(考え等を)押しつける、苦しんでいる、しぼる、圧縮する
名 圧迫、アイロンをかけること、押し寄せること、切迫、出版、印刷、新聞、雑誌、報道、記者

com-をつけると

-erをつけて

presser
（プレスする人）

compress
動 押しつける、圧縮する

- Will you compress your presentation into ten minutes?
（あなたのプレゼンテーションを10分に短縮していただけませんか）

compressor
（圧縮装置、圧迫器）

ex-をつけると

express

中にあるものを 外に 押し出す
　　　　　　　ex　　press

- 動 表現する
  考えを述べる
  速達で送る
  (果実等を)しぼる
- 名 速達便
  express train (急行)
- 形 明示した
  特別な
  急行の
- 副 急行で

expression
(表現、表情)

expressive
(表情に富む)
↕
expressionless
(無表情な)

expressage
(速達運送業)

-ingをつけて形容詞形・動名詞

pressing

- 形 差し迫った
- 名 圧縮すること、レコード

- This is a pressing matter to discuss.
  (これは議論すべき緊急問題です)
- I can't express how sorry I am.
  (申し訳なくて言葉になりません)

de-をつけると

depress

- 動 押し下げる、憂うつにさせる、弱める

depressant (抑制剤)
depressed (落胆した)
depression (うつ病、不景気)

- It's natural for him to be depressed.
  (彼ががっかりするのも当然です)

im-をつけると

impress

- 動 感銘を与える、印象づける、押印する 名 印象、押印

impressible (感受性の強い)
impression (印象)
impressionism (印象派)
impressive (印象的な)

- The experience impressed her with the value of education.
  (その経験は彼女に教育の価値を痛感させました)

容積

No. 075

容積
volume, capacity, bulk

メートル法

1 liter/l.
※ 1l.=10dl.の意味

deciliters/dl.
（1/10の意味）

=

1,000milliliters/ml.
（1/1000の意味）

※ literはアメリカ式、イギリス式はlitre

1,000cm³
cubic centimeter
（1/100の意味）
=1,000c.c.

Q. How much water is there in the bottle?
（ビンの中には水はどのくらいありますか）

A. There is 200 milliliters of water in the bottle.
（200ミリリットルあります）

ヤード法

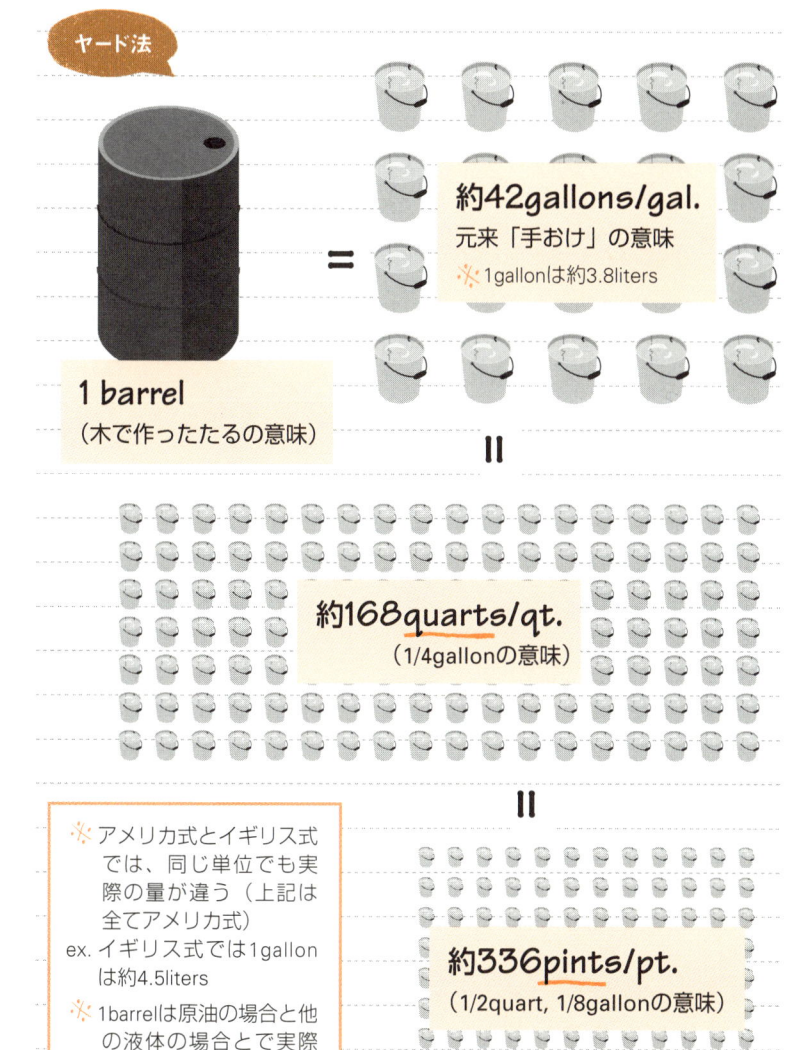

1 barrel
（木で作ったたるの意味）

=

約42gallons/gal.
元来「手おけ」の意味
※ 1gallonは約3.8liters

=

約168quarts/qt.
（1/4gallonの意味）

=

約336pints/pt.
（1/2quart, 1/8gallonの意味）

※ アメリカ式とイギリス式では、同じ単位でも実際の量が違う（上記は全てアメリカ式）
ex. イギリス式では1gallonは約4.5liters

※ 1barrelは原油の場合と他の液体の場合とで実際の量が違う
ex. 他の液体では1barrelは約31.5gallons

No. 076 ラスト

last

形 この前の、昨・・・、直近の
last year（去年）
these last few days（ここ2,3日の間）

形 最も〜しそうにない
- He is the last person to deceive you.
（彼は君をだますような人ではない）

副 最後に
last but not least（最後に一言）

last-minute
形 土壇場の
make a last-minute decision
（土壇場で決断する）

名 最後の人（もの）、最後、おわり
from first to last（終始）
at last（ついに〈努力の末に好ましい結果を得た〉）

finally（ようやく〈長く待たされた後〉）
after all（結局〈否定的な意味合い〉）
in the end（ついに〈文頭、文末で使用〉）

-lyをつけて

lastly
（最後に）

☆lateの変化

順序
　late-latter-last

時間
　late-later-latest
　latest news
　(最新ニュース)

形 最後の

the last page but one
　　　　　　～を除く
(最後から2ページ目)

last name (名字)
　　‖
family name, surname

final (具体的なものに使うことはまれ)
(最後の、最終の)
final stage (最終段階)

eventual (困難を乗り越えた)
(最終の、結果の)
eventual winner (最終勝者)

動 続く、持ちこたえる
(特定の期間)

- A wonder lasts but nine days.
(驚きも9日しか続かない
→ 人の噂も75日)〈諺〉

terminal (病気、事態展開の最終)
- He is at the terminal stage of cancer. (彼はガンの末期だ)

ultimate (進行、努力を進められない)
(終局の、究極的な)
the ultimate weapon (最終兵器)

lasting
(長持ちする、永久の)

continue
(続く〈継続して「終わらない」ことを強調〉)

continuous
(継続的な)
continuous improvement
(継続的改善〈日本的経営手法〉)

No. 077 オーダー

- I ordered him new shoes.
  (私は彼のために新しいくつを注文した)
- The doctor ordered my aunt a rest.
  (医者はおばに休養するよう指示した)

動詞として

order
名 順序、秩序、命令、注文
動 命じる、注文する

類語

command
(**名** 権威者の正式な命令)

direct
(**動** 業務上の指示を出す)
→ **名** direction
(指示、指導、方向)

派生語

dis-をつけて

disorder
(**名** 無秩序、混乱)
a country in disorder by war
(戦争で混乱している国)

disordered
(**形** 混乱した、調子の悪い)
disordered digestion
(消化不良)

disorderly
(**形** 無秩序の、規則に従わない)

inordinate
(**形** 無秩序の、混乱した、法外な)

re-をつけて

reorder
(**動** 再注文する **名** 再注文)

out

out of order
(故障して、調子が悪くて)

out of repair
(手入れが行き届かないで)

in

in order
(規則正しく、整然と)

in alphabetical order
(アルファベット順で)

in order of application
(申し込み順に)

in order to ~
(〜するために)
- She studied hard in order to pass the exam.
  (彼女は試験に合格するために一生懸命勉強した)

in order that ~ might...
(〜が…するために)
- He worked hard in order that his family might be happy.
  (彼は家族が幸せになるように一生懸命働いた)

under

under the order of ~
(〜の指揮下に)

on

on order
(注文中の)
- The book is on order.
  (その本は注文中です)

order form
(注文書)

application form
(申込書)

order confirmation
(注文確認書)

No. 078 四季

springy（ばねのある、泉の多い）

vernal（春の、春らしい）
vernal equinox（春分）

-yで 形

形

springless（ばねのない、元気のない）

-lessで 形

spring（春、ばね、泉）

hot spring（温泉）
wind a spring（ぜんまいを巻く）
springboard（飛び込み板、きっかけ）
spring break（春休み）

seasonal（季節ごとの）
seasonal wind（季節風）

-alで 形

seasonable（季節相応の）
seasonable weather（順当な天候）

-ableで 形

四季
four seasons

-lessで 形

seasonless（四季の区別のない）

seasoned（味つけした）
→ seasoning（調味料）

-edで 形

sweeten（甘くする）
→ sweetening（甘味料）
→ artificial sweetener（人工甘味料）

170

summerly（夏の、夏らしい）

-lyで 形

midsummer（真夏）

mid-をつけて

summer（夏）

Indian summer（小春日和）〈米〉
＝St. Martin's summer〈英〉
summer solstice（夏至）

season（季節、時期）

baseball season（野球のシーズン）
in season（出盛りで）
out of season（時期はずれで）
season ticket（定期券、シーズン入場券）
harvest season（収穫期）

autumnal（秋の）
autumnal equinox（秋分）

形

autumn（秋）
fall（秋、落下）

fall（落ちる）の変化形
(fall-fell-fallen)

wintry（冬の、冬らしい）

-ryをつけて 形

midwinter（真冬）

mid-をつけて

winter（冬、冬季、冬を過ごす）

fall of leaves（落葉）
Niagara Falls（ナイアガラ瀑布）
fall term（秋学期）

winter solstice（冬至）
winter in Hawaii（ハワイで冬を過ごす）

No. 079 かたち

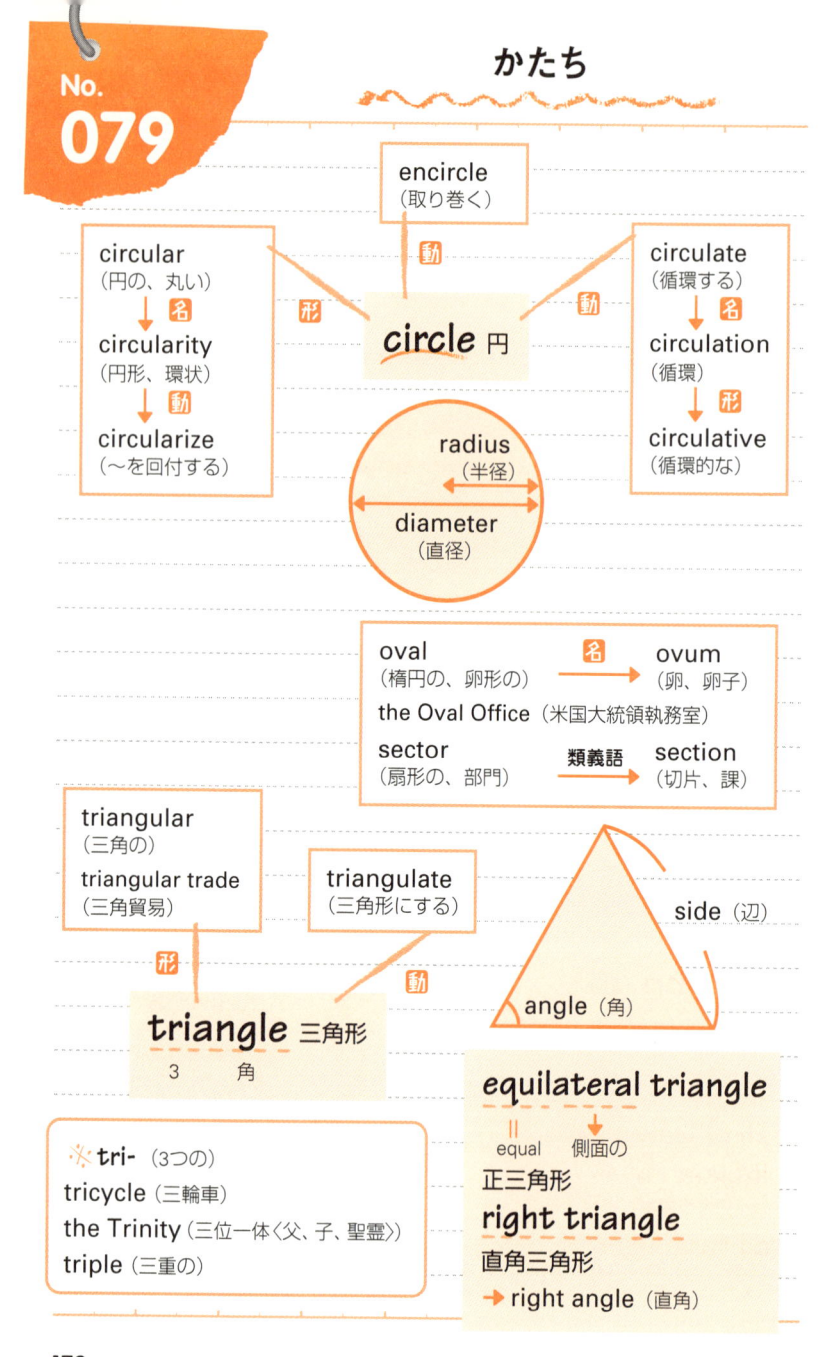

circle 円

- encircle（取り巻く）動
- circular（円の、丸い）形
  - → circularity（円形、環状）名
  - → circularize（〜を回付する）動
- circulate（循環する）動
  - → circulation（循環）名
  - → circulative（循環的な）形

- radius（半径）
- diameter（直径）

- oval（楕円の、卵形の） 名→ ovum（卵、卵子）
- the Oval Office（米国大統領執務室）
- sector（扇形の、部門） 類義語→ section（切片、課）

triangle 三角形
3　　　角

- triangular（三角の）形
  - triangular trade（三角貿易）
- triangulate（三角形にする）動
- side（辺）
- angle（角）

※ **tri-**（3つの）
- tricycle（三輪車）
- the Trinity（三位一体〈父、子、聖霊〉）
- triple（三重の）

equilateral triangle
equal ＝ ／ 側面の
正三角形

right triangle
直角三角形
→ right angle（直角）

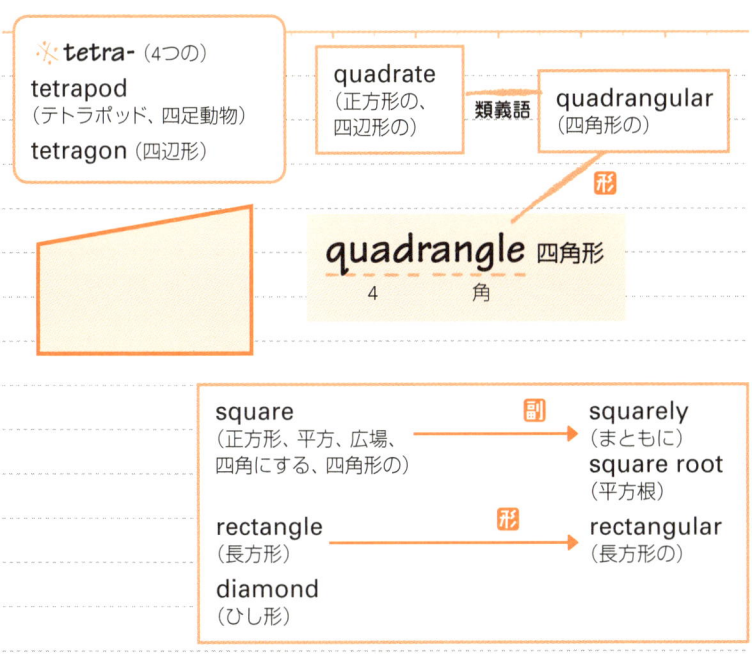

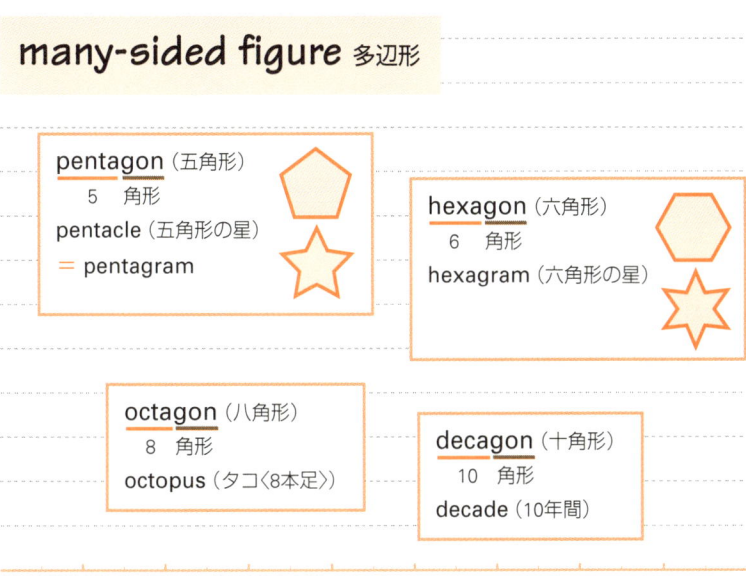

tetra-（4つの）
tetrapod
（テトラポッド、四足動物）
tetragon（四辺形）

quadrate
（正方形の、四辺形の）
類義語
quadrangular
（四角形の）

quadrangle 四角形
4　　角

square
（正方形、平方、広場、四角にする、四角形の）
→ squarely
（まともに）
square root
（平方根）

rectangle
（長方形）
→ rectangular
（長方形の）

diamond
（ひし形）

many-sided figure 多辺形

pentagon（五角形）
5　角形
pentacle（五角形の星）
＝ pentagram

hexagon（六角形）
6　角形
hexagram（六角形の星）

octagon（八角形）
8　角形
octopus（タコ〈8本足〉）

decagon（十角形）
10　角形
decade（10年間）

重さの単位

No. 080

weight
名 重さ、重圧

weighty
重量のある、重荷になる
weighty responsibilities
（重い責任）
weighty negotiations
（重要な交渉）

形

weigh
重さをはかる、熟考する、重さがある
- How much does this weigh?
（これはどの位の重さですか）
- Weigh this, please.
（これの重さを量ってください）
- I weigh 40kg.
（私の体重は40kgです）

動

-lessをつけて
形

weightless
重さのない、重要でない

- What is your weight?
（君の体重はどれくらい？）
gain weight
（体重が増える）
↕
lose weight
（体重が減る）
weights and measures
（度量衡）

metric system
メートル法
↓
名 meter（メートル）
barometer（気圧計）
thermometer（温度計）

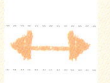

↔

yard measure
ヤード尺
↓
yard（ヤード）

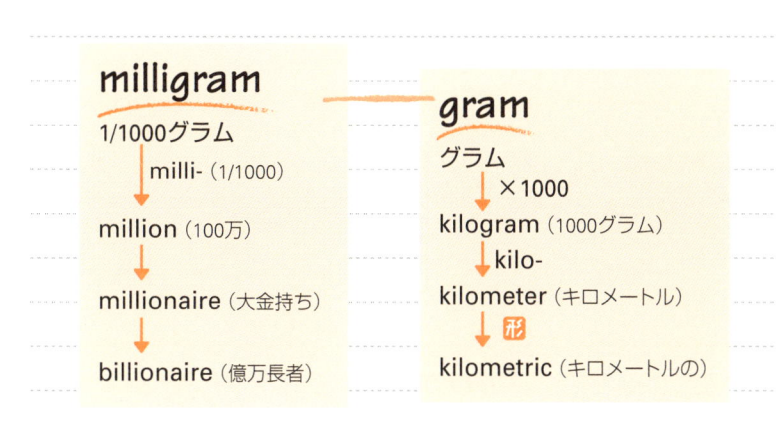

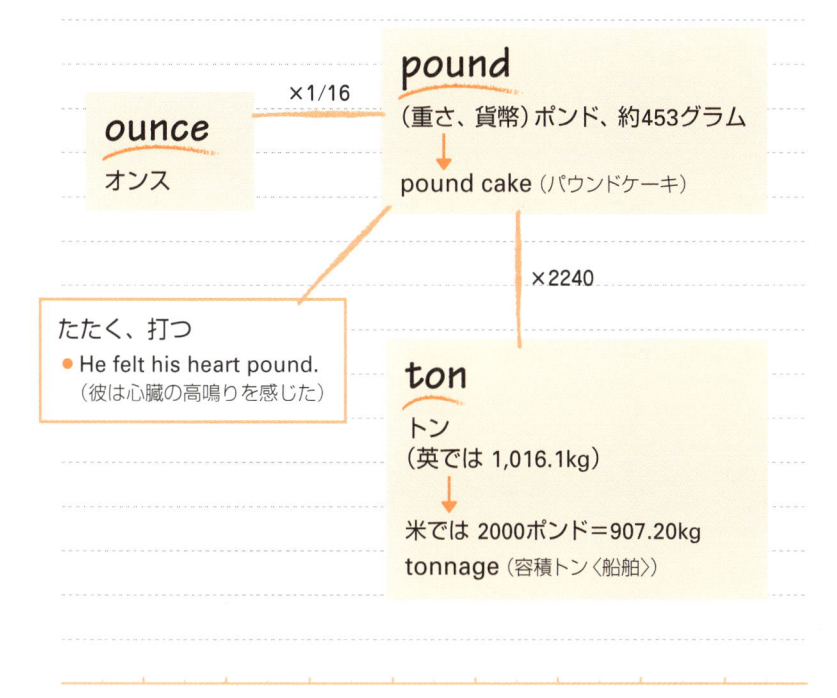

milligram
1/1000グラム
↓ milli- (1/1000)

million (100万)
↓
millionaire (大金持ち)
↓
billionaire (億万長者)

gram
グラム
↓ ×1000
kilogram (1000グラム)
↓ kilo-
kilometer (キロメートル)
↓ 形
kilometric (キロメートルの)

ounce
オンス

×1/16 →

pound
(重さ、貨幣)ポンド、約453グラム
↓
pound cake (パウンドケーキ)

↓ ×2240

たたく、打つ
- He felt his heart pound.
(彼は心臓の高鳴りを感じた)

ton
トン
(英では 1,016.1kg)
↓
米では 2000ポンド＝907.20kg
tonnage (容積トン〈船舶〉)

No. 081 貸す

lend -lent-lent
貸す(無料で)、お金を貸す

- lender (金貸し) — -er
- lending library (貸し出し図書館) — -ing

- I can't lend it to you. (それは貸せない)
- She lent him a book. (彼女は彼に本を貸した)
- Would you lend me a hand? (手を貸してくれる？)

borrow
借りる(無料で)

- borrow trouble (取り越し苦労する)
- borrowing (借用、借金) — -ing

- May I use the bathroom? (トイレを貸してください)
- May I borrow your umbrella? (傘をお借りできますか)

rent
賃貸しする
賃借りする

- rent-a-car〈米〉(レンタカー)
- for rent〈米〉 / to let〈英〉(貸家あり)
- a rented room (借間)

- I rent this house for 500 dollars a month. (私は月500ドルでこの家を借りている)

lease
賃貸しする
賃借りする
賃貸借
寿命が延びる

- leased land (借地)

- lessee (借り手)
- lessor (貸し手)
- take a new lease of life (〈病気が回復して〉寿命が延びる)

176

let
賃貸しする〈英〉
～させる

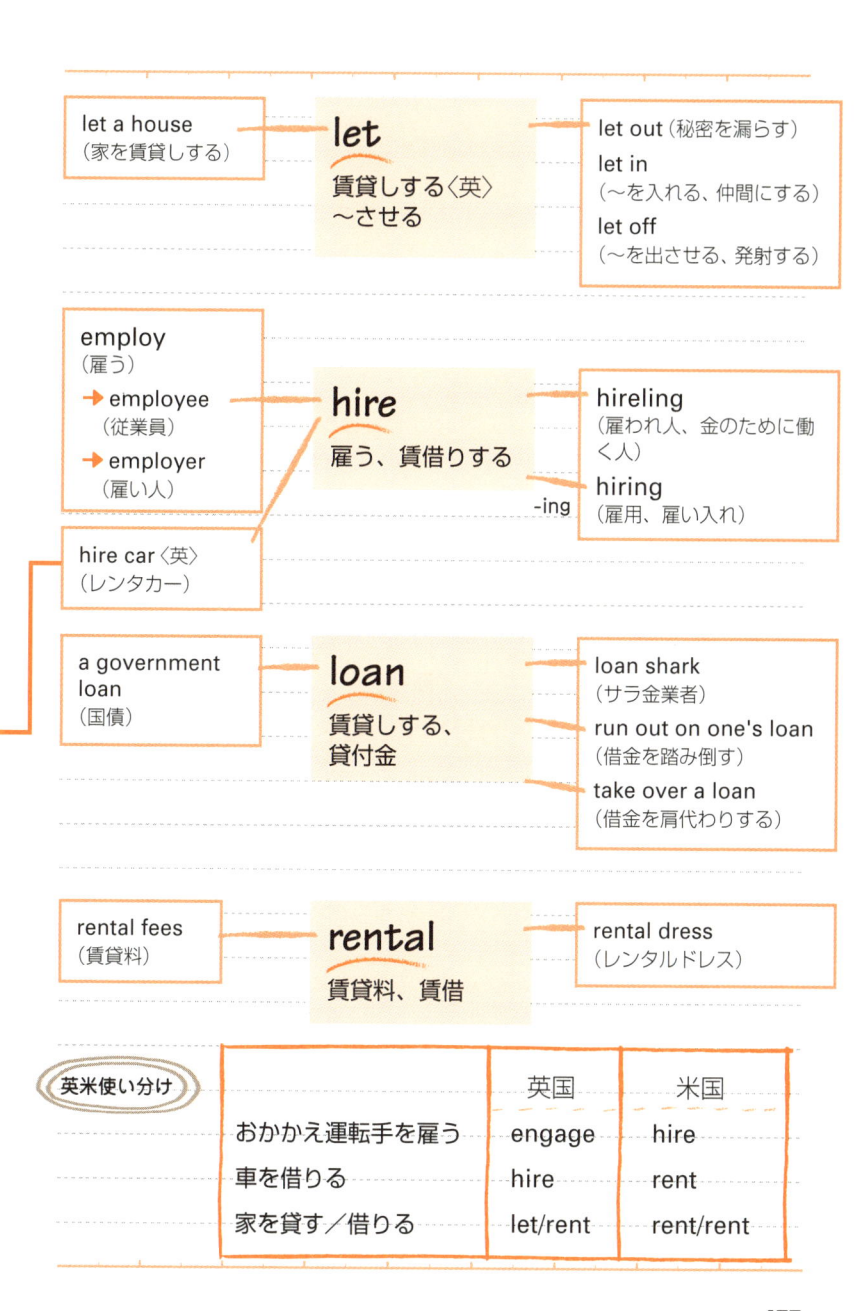

- let a house（家を賃貸しする）
- let out（秘密を漏らす）
- let in（～を入れる、仲間にする）
- let off（～を出させる、発射する）

hire
雇う、賃借りする

- employ（雇う）
  - → employee（従業員）
  - → employer（雇い人）
- hire car〈英〉（レンタカー）
- hireling（雇われ人、金のために働く人）
- hiring（雇用、雇い入れ） -ing

loan
賃貸しする、貸付金

- a government loan（国債）
- loan shark（サラ金業者）
- run out on one's loan（借金を踏み倒す）
- take over a loan（借金を肩代わりする）

rental
賃貸料、賃借

- rental fees（賃貸料）
- rental dress（レンタルドレス）

英米使い分け

	英国	米国
おかかえ運転手を雇う	engage	hire
車を借りる	hire	rent
家を貸す／借りる	let/rent	rent/rent

「通貨」と「料金」

charge
サービスに支払われる料金

admission charge
（入場料）

service charge
（手数料）

rate
サービスに支払われる単位あたりの基準料金

telephone rate
（電話料金）

base rate
（基本料金）

fare
乗り物の運賃

bus fare
（バス料金）

one-way fare
（片道運賃）

round-trip fare
（往復運賃）

appreciation of the yen
（円高）

通貨
currency

depreciation of yen
（円安）

key currency
基軸通貨

- The dollar is both America's national currency and an international currency.
（ドルはアメリカの自国通貨かつ国際通貨だ）

national currency
（自国通貨）

foreign currency
（他国通貨）

local currency
（現地通貨）

money supply
（通貨供給量）

fee
専門職へ払う報酬
legal fees
(弁護士への謝礼)
school fees
(授業料)

price
品物の値段
fixed price
(定価)
cost price
(原価)

toll
通行料
- We had to pay a toll when we crossed the bridge.
(その橋を渡るのに通行料を払わなければならなかった)

change
小銭

bill
紙幣

coin
硬貨

俗称
- 1 cent — penny
- 5 cent — nickel
- 10 cent — dime
- 25 cent — quarter
- 50 cent — half-dollar

money box
(貯金箱)
money changer
(両替機)
wallet
(札入れ)
purse
(小銭入れ)

〈諺〉
- Money is the root of all evil.
(金は諸悪の根源)
- Money talks.
(金が物を言う)
- Time is money.
(時は金なり)
- Money does not grow on trees.
(金のなる木など存在しない)

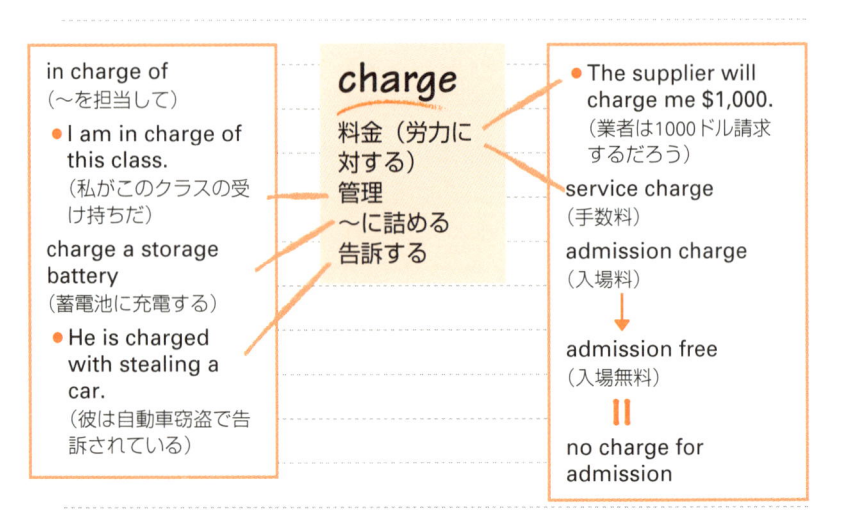

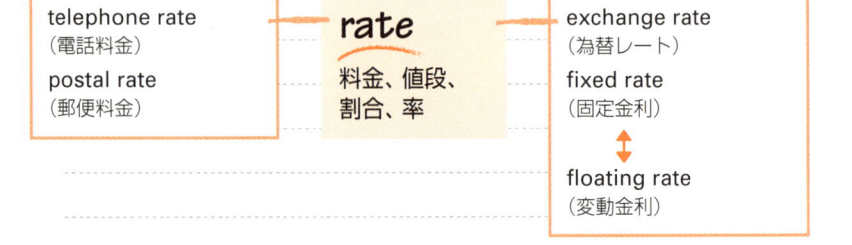

charge
料金(労力に対する)
管理
〜に詰める
告訴する

in charge of
(〜を担当して)
- I am in charge of this class.
  (私がこのクラスの受け持ちだ)

charge a storage battery
(蓄電池に充電する)

- He is charged with stealing a car.
  (彼は自動車窃盗で告訴されている)

- The supplier will charge me $1,000.
  (業者は1000ドル請求するだろう)

service charge
(手数料)

admission charge
(入場料)
↓
admission free
(入場無料)
‖
no charge for admission

---

rate
料金、値段、割合、率

telephone rate
(電話料金)

postal rate
(郵便料金)

exchange rate
(為替レート)

fixed rate
(固定金利)
↕
floating rate
(変動金利)

---

fare
運賃、料金
(バス、汽車等の)

air fare
(航空運賃)

railroad fare
(鉄道運賃)

one-way fare
(片道運賃)

double fare
(往復運賃)
↓
round trip
(往復旅行、往復切符)

180

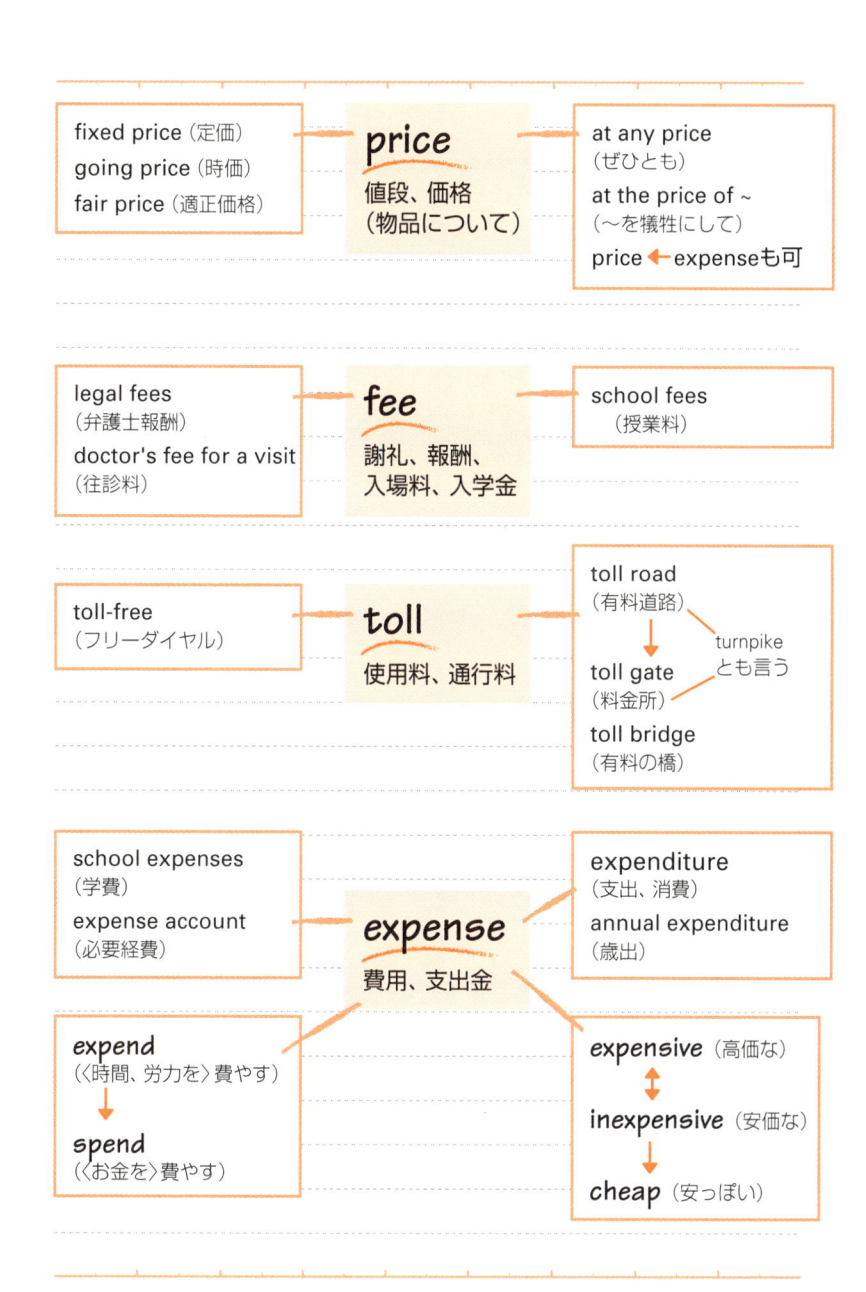

price
値段、価格
（物品について）

- fixed price（定価）
- going price（時価）
- fair price（適正価格）

- at any price（ぜひとも）
- at the price of ~（〜を犠牲にして）
- price ← expenseも可

fee
謝礼、報酬、入場料、入学金

- legal fees（弁護士報酬）
- doctor's fee for a visit（往診料）

- school fees（授業料）

toll
使用料、通行料

- toll-free（フリーダイヤル）

- toll road（有料道路） → toll gate（料金所） [turnpikeとも言う]
- toll bridge（有料の橋）

expense
費用、支出金

- school expenses（学費）
- expense account（必要経費）

- expenditure（支出、消費）
- annual expenditure（歳出）

- **expend**（〈時間、労力を〉費やす）
- **spend**（〈お金を〉費やす）

- **expensive**（高価な）
  ↕
- **inexpensive**（安価な）
  ↓
- **cheap**（安っぽい）

181

No. 083 プレゼント

形 出席して

be present at (〜に出席している)
名 presence (存在、出席)
欠席して absent (ab + sent)
　　　　　　　　away from の意
be absent from 〜 (〜に欠席している)

absentee vote (不在投票)
absenteeism (長期欠勤、無断欠勤)

名 贈り物

敬意、好意を表す親しい間での贈り物
gift (進物、寄贈)
→ gifted (才能豊かな、優秀な)
　　　(＝intelligence, talented)
donation (〈金銭的〉寄付)

プレゼント
present

動 贈る

present 人 with 物　　｝(人に物を贈る)
present 物 to 人

動 提示する

presenter
(ニュース放送者〈米ではnewscaster〉、贈呈者)
presentation
(提出、提示、プレゼンテーション)
represent
(表す、〜を代表する)

形 現在の

present address (現住所)
present value (現在価値〈PV〉)
actual (現実の)
※ 現在目の前にあるものには使用しない
current (現在の)
※ 絶えず変化するものに用いる
current news (時事ニュース)

currency (通貨)
(=current money)

名 現在

at present (目下、現在は〈=now〉)
for the present (今のところは、当面の間)
副 presently (ただ今、現在)
※ future (未来)
　in the future (将来、いつか)
※ past (過去)
　in the past (過去に、これまで)

election (選挙)
candidate (立候補者)
the Diet (〈日本の〉国会)

名 representative

代表者、下院議員〈米〉
the House of Representatives
下院〈米〉、衆議院〈日〉

the Senate (上院〈米〉)
senator (上院議員〈米〉)

星

starry
（星の）

starry sky（星空）

starry night
（星の多い〈星明りの〉夜）

star

星
スター、花形
恒星

- The fifty stars on the U.S. flag stand for the fifty states of the country.
（合衆国国旗の50個の星印は50州を意味する）

the Big Dipper（北斗七星）
fixed star（恒星）
planet（惑星）
comet（すい星）
meteor（いん石）
satellite（衛星）
broadcast via satellite（衛星放送）

three-star restaurant
（三つ星レストラン
　＝最高級レストラン）

five-star hotel
（最高級ホテル）

shooting star
（流れ星）

star chart〔＝map〕
（星座表）

the Stars and Stripes
　＝ the Star-Spangled Banner
（星条旗）

pentagram
（五角星）

hexagram
（六角星）

Sun
(太陽)

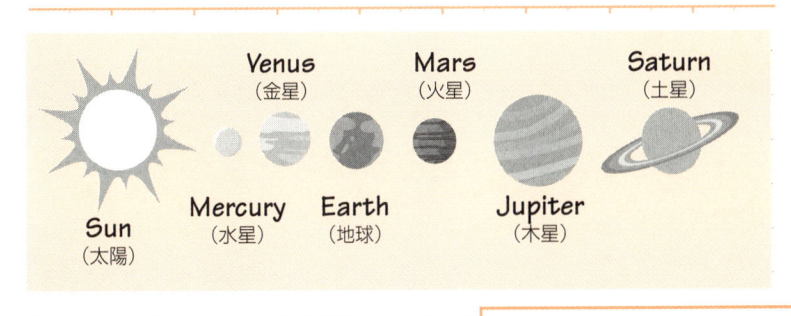

Mercury
(水星)

Venus
(金星)

Earth
(地球)

Mars
(火星)

Jupiter
(木星)

Saturn
(土星)

moon

月
月光
衛星

- There is a moon (no moon) tonight.
  (今夜は月が出ている〔いない〕)
- The moon flooded the room.
  (月光が部屋にいっぱいにあふれた)

enjoy viewing the moon
(月見)

rose moon
= strawberry moon
(赤い月)

blue moon
(青い月)
※ 青い月はめったに見られないので、ほとんどありえないことを意味する

moonlight
= moonshine (月光)
moonrise (月の出)

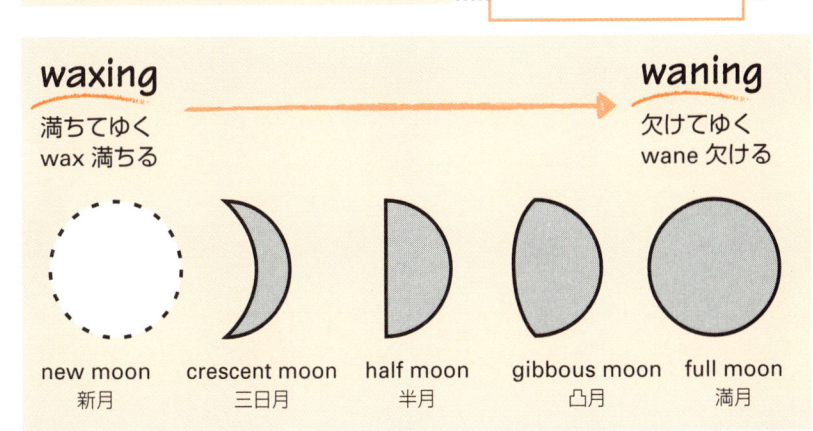

waxing
満ちてゆく
wax 満ちる

waning
欠けてゆく
wane 欠ける

| new moon | crescent moon | half moon | gibbous moon | full moon |
| 新月 | 三日月 | 半月 | 凸月 | 満月 |

No. 085 「泣く」と「笑う」

cry
声を上げて泣く(一般語)
叫ぶ
cry for (～を泣いて求める)
cry over (～のことで泣く)
- It is no use crying over spilt milk.
  (こぼれたミルクのことで泣いてもむだだ → 覆水盆に返らず)〈諺〉

cry out (大声を上げる)

shout
(叫ぶ〈一般語〉)
cry
(不快なために叫ぶ)
scream
(苦痛や恐怖のために叫ぶ
キャーと悲鳴を上げる)

泣く
cry, weep, sob

tears
(涙)
burst〔break〕into tears
(わっと泣き出す)

weep
涙を流して泣く
泣いて悲しむ
- weep for the dead child
  (死んだ子を悲しんで泣く)

sob
泣きじゃくる
- She broke into sobs at the news.
  (彼女はその知らせを聞いて泣きじゃくった)

laugh

声を出して笑う

- What are you laughing at?
 (何を笑っているの)
- I could not help laughing.
 (笑わずにはいられなかった)

burst out laughing
 = burst into laughter
(どっと笑う)
- The audience burst out laughing.
 (群集はどっと笑った)

笑う
laugh, smile, grin, giggle, chuckle, sneer, smirk, ridicule

smile

声を出さないでニコニコ笑う
- She smiled broadly at the child.
 ×to
(彼女は子供ににこっと笑った)

grin

声を出さないで、口を大きくあけ、歯を見せて笑う

chuckle

くすくす笑う

sneer
(冷笑する)
smirk
(ニタニタ笑う)
ridicule
(嘲笑する)

giggle

照れ隠しにくすくす笑う
- Girls of that age giggle a lot.
 (その年頃の女の子はよく笑うものだ)

「民族」と「人種」

No. 086

名 競争、レース
marathon race（マラソン競走）
race for power（権力争い）

関連語
minority（少数民族）
discrimination（差別）

名 人種、子孫
the human race（人類）
the race of Abraham（アブラハムの子孫）

native
形 本国の、生得の
native rights（生得の権利）
-ity をつけて
nativity（出生）

類語

race　nation
名 民族

類語

racial
形 人種の、民族の
-ismをつけて
racialism（民族主義、人種差別）
-istをつけて
racialist（民族主義者）
-istをつけて
multiracial state（多民族国家）
↕
homogeneous nation（単一民族国家）

nationwide
形 全国的な

ethnic
形 民族の
ethnic conflict（民族紛争）
ethnic cleansing（民族浄化）

national

形 国家の、国民の
national park（国立公園）
-ismをつけて
nationalism（民族主義、国家主義）
-ityをつけて
nationality（国民性、国籍）

triangle

名 三角形

（同根）

people

tribe

名 種族

（類語）

popular

形 人気のある、民衆の
↓
population（人口）

tribal

形 種族の

（類語）

pop

形 大衆的な

名 国民、民族

the people（人民）
the English people（英国民）

No. 087 - spect -について

prospect
名 見込み、見晴らし
動 探し求める
- She studied in prospect of success.
（彼女は成功を夢見て勉強しました）

prospective
形 予想される、将来の
- He is my prospective husband.
（彼は将来私の夫になる人です）

retrospective
形 レトロの、回顧的な

- spect -
見る

inspector
名 警視正〈米〉、警部〈英〉、調査官

inspect
動 調査する、検査する

inspection
名 調査、監査
- I'll tell you after inspection of the matter.
（事件を調査してからお話します）

outlook
（眺望）

aspect
名 顔つき、外観、光景
- Consider the case from every aspect.
（事件をあらゆる面から考えなさい）

appearance
（外見）
- Appearances can be deceptive.
（見た目はあてにならない）
〈諺〉

respect

動 尊敬する、尊重する
名 尊敬、関連

as respects ~ ⎫
in respect of ~ ⎬ (~に関して)

with great respect (ご意見はもっともですが)
without respect to ~ (~にかまわずに)
with respect to ~ (~に関しては、~には失礼ですが)
- Respect yourself. (自分を大切にしなさい)
- I respect for your opinion. (あなたの意見を尊重します)

suspect

動 疑う、怪しく思う
名 容疑者
- I suspect the newcomer.
  (あの新参者はどうも怪しいと思う)

suspicion

名 疑い
beyond suspicion
(疑いの余地なく)

suspicious

形 怪しい、疑い深い

expect

動 予期する、期待する
- I'll expect you this weekend.
  (今週末お越しになるのをお待ちしています)

expectant

形 期待をしている
名 採用予定者、推定相続人

expectation

名 予想、可能性、遺産
- The movie was exciting beyond expectations.
  (その映画は予想以上にエキサイティングでした)

Great Expectations
(『大いなる遺産』ディケンズ)

spect- 3本立て

❶

spectate
動 傍観する
- I'll spectate at the result.
（私は成り行きを見るつもりです）

spectator
名 見物人
the Spectator
（「スペクテーター」18世紀イギリスの新聞）

❷

spectacle
名 見世物、壮観、偏見
make a spectacle of oneself
（物笑いの種になる）
spectacle case
（メガネケース）
- The circus was a great spectacle.
（サーカスは大した見ものだった）

❸

spectacular
形 見世物の、壮観な
名 豪華ショー

⇔

unspectacular
形 見栄えのしない
- His career is unspectacular.
（彼の経歴は大したものではない）

cocooning
「ひきこもり願望」とcashing out

cocoonというのは「繭」です。
外部との摩擦を避け、繭の中に閉じこもるように、自宅に閉じこもって、自分が傷つくのを避けたいという願望のことを言います。日本では「ひきこもり」と言います。
自宅で、音楽を聴いたりビデオを観たり、そしてインスタント食品などを食べて生活する、とにかく摩擦の中で自分が傷つくことを避けたい、という極端な自我防衛生活願望です。
カクーンと発音します。そもそも、oやeが2つ重なると、必ずそこにアクセントがありますから、この単語もクーンのほうにアクセントがあります。

> **tatoo**（刺青）
> **typhoon**（台風）※中国の広東方言が英語化した
> **tycoon**（大君）※日本語が英語になった稀な例
> **employee**（雇われ人）
> **between**（～の間）
> **thirteen**（13）

上記のように、oやeが重なると、そこにアクセントがあります。
特に、employeeは、日本人から見ると不自然な発音です。
「さなぎ」はpupa、「繭を作る」はspinです。
● **The silkworm spins a cocoon.**
（蚕は繭を作ります）

cashing outというのは、都会を避けて田舎でのんびりした生活を送りたいという願望です。cocooningよりも健全ですね。引退後cashing outしたいというのは、決して不健全なことではないと思われます。
都会の生活を清算して田舎に行ってしまうというニュアンスがあります。関連用語として次のようなものがあります。

> **pay in cash**（現金で払う）
> **cash dispenser**（現金自動支払機）
> **cashier**（会計係）
> **cash register**（レジスター）

No. 088 メジャーとマイナー

maxはmaximumの略

maximal
(形 最大限の、極大の)

maximum
形 最大の、最高限度の
名 最大限

- The maximum load of this car is 2 tons.
(この車の最大積載量は2トンです)

a maximum of twenty years in prison
(最高20年の刑)

majority
名 大多数、大部分、過半数

- The majority of people prefer baseball to basketball.
(大多数の人はバスケットボールより野球を好む)

major
形 大きいほうの　動 主専攻にする
　　多数の　　　　名 成年
　　主要な、大きい

- Tourism is the major industry of this country.
(観光がこの国の主要産業です)

major in ~ = specialize in ~
(〜を専攻する)

- He majored in law.
(彼は法律を主専攻にした)

main
(形 主な)

principal
(形 主要な)

major league
(メジャーリーグ)

米国プロ野球連盟のNational LeagueまたはAmerican League

miniature
(名 縮小模型)

a miniature camera
(小型カメラ)

minimal
(形 最小限の、極小の)

minimum
形 最小の、最小限の
名 最小限度、最低限

minimum wage
(最低賃金)

- The management is trying to keep waste to a minimum.
(経営側はむだを最小限に抑えようとしています)

minor
形 小さいほうの 名 未成年
少数派の
二流の
副専攻の

- He is a minor singer.
(彼は二流の歌手だ)

minor change (小さな変更)

- No minors. (未成年はお断り)

「Minority Report」という映画がある。「少数派の声」と訳す。

minority
名 少数、少数派、少数民族

- We were in the minority.
(私たちは少数派だった)

ethnic minorities
(少数民族)

minor league
(マイナーリーグ)

米国のmajor leagueより下位のプロ野球のこと

No. 089 「壊す」と「変える」

breakdown
名 破損、故障
（＝out of order）
- The washing machine is out of order now.
（今洗濯機が故障している）

breakthrough
名 突破口、新発見
a major breakthrough in biotechnology
（バイオテクノロジー技術における新発見）

breach
（名 違反、不履行）

※ 髪の色を抜くブリーチは「bleach」

break

動 壊す、割る、折る、（貨幣を）くずす、（法律等を）破る
名 割れ目、小休止、休み時間

- He broke his leg in a traffic accident.
（彼は交通事故で足を折った）

break a $100 bill
（100ドル札をくずす）

- I hardly break the speed limit.
（私はスピード違反をすることはほとんどない）

- Have a break, have a KitKat!!
（休んで、キットカットを食べよう!!）
※ 有名なCM

break up
（男女が）別れる
- They broke up last week.
（彼らは先週別れた）

※ **a broken line**
（破線）

brokenはbreakの過去分詞形

change

名 変化、釣り銭、くずした金、小銭
動 変える、乗り換える、両替する、くずす

- Can you give me change for a $10 bill?
  (10ドル紙幣をくずしてくれませんか)
- Exact change, please.
  (釣り銭のいらぬようにお願いします)
- I changed trains at Tokyo for Tohoku.
  (私は東京で東北行きの列車に乗り換えた)
  ※ trainは今まで乗っていた列車と乗り換える列車の2つがあるので常にtrainsとなる
- He changed his yen into dollars.
  (彼は円をドルに換えた)

alter (**動** 部分的に変える)

vary
動（同じものから徐々に）変える
- The weather varies every moment.
  (天気は刻一刻と変化する)

variation
(**名** 変化、変動)

modify
(**動**〈修正のために〉変更する)

transform
動（外形も中身も）変わる
- Technology has transformed our way of life.
  (科学技術は私たちの生活様式を一変させた)

various
形 さまざまな、多数の
various opinions
(さまざまな意見)

variety
名 変化（に富むこと）、多様性
形 バラエティーの
variety show
(バラエティーショー)

星座

No. 090

fish
魚、釣りをする
- There are plenty more fish in the sea.
  （海にはほかにもいっぱい魚がいる
  ➔ 好機はいくらでもある）〈諺〉

go fishing in the river（川へ釣りに行く）
　　　　　↑ ×to
fisherman（漁夫）
fishing=angling（魚釣り）

bearer
持参人、運ぶ人

carrier
運ぶ人、媒介体、保菌者
- Flies are carrier of disease germs.
  （ハエは病原菌媒介体だ）

goat
ヤギ

separate the sheep from the goats
（羊と山羊を区別する ➔ 善人と悪人を区別する）

十二宮

ram（雄羊）　bull（雄牛）

- Pisces（魚座） the Fishes
- Aries（牡羊座） the Ram
- Taurus（牡牛座） the Bull
- Aquarius（水瓶座） the Water Bearer (Carrier)
- Gemini（双子座） the Twins
- Capricorn（山羊座） the Goat
- Cancer（蟹座） the Crab
- Sagittarius（射手座） the Archer
- Leo（獅子座） the Lion
- Scorpio（蠍座） the Scorpion
- Libra（天秤座） the Balance (Scales)
- Virgo（乙女座） the Virgin

archery（弓術）

archer（射手）

scorpion（サソリ）

balance
つり合い ⟷ imbalance
てんびん
貸借〔収支〕の差額
バランスをとる、つり合う
- This flower arrangement is somehow out of balance.
  （この生け花は何だかバランスが悪い）

balance of payments（国際収支、支払残高）

twin

双子の一人
- He is my twin. (彼は私と双子です)

the Twin Cities
(ツインシティー〈アメリカ・ミネソタ州の MinneapolisとSt.Paul〉)

twins (双子)
triplets (三つ子)
quadruplets (四つ子)
quintuplets (五つ子)
sextuplets (六つ子)

horoscope

十二宮図、星占い
the twelve signs of the zodiac
(十二宮)

crab
(カニ)

星座
constellation

- What is your sign of the zodiac?
 (あなたの星座は何座ですか)
- Mine is Leo. / I am a Leo.
 (獅子座です)

lion (lioness)

ライオン (メスライオン)
- The lion is the king of beasts.
 (ライオンは百獣の王だ)

maiden

乙女、未婚の、初めての
his maiden aunt
(彼の独身のおば)
maiden work (処女作)
maiden voyage (処女航海)

virgin

処女、おとめ
処女の
virgin snow (処女雪)
Blessed Virgin (聖母マリア)

scales
(てんびん)
a pair of scales (天秤1個)

scale

目盛り、段階、規模、縮尺
a map with〔on〕a scale of one inch to a mile
(1マイルを1インチに縮小した地図)

No. 091 置く

propose
pro (forward) + pose → 前の方に置く

動 提案する、結婚を申込む

propose a toast to the bride and the groom
（新郎新婦への乾杯の音頭をとる）

proposal
（**名** 申込み、結婚の申込み）

proposition
（**名** 提案）

compose
com (together) + pose → 一緒になって置く

動 構成する

be composed of ~
（～で構成されている）

- Water is composed of hydrogen and oxygen.
（水は水素と酸素から成る）

作曲する、(詩など)を作る

composition
（**名** 成分、作文、作曲）

composer
（**名** 作曲家）

置く -pose = put

dispose
dis (分離) + pose → ばらばらに置く

動 配置する、気分を向けさせる

dispose A to do
（Aに～する気にさせる）

- The salary disposed him to accept the position.
（給料を聞いて彼はその職につく気になった）

dispose of
処分する、片付ける

disposal
（**名** 処分、処理）

disposition
（**名** 性質、配置、処分）

oppose

[op] + [pose] → 逆らって置く
op, ob = against

動 反対する

be opposed to ~
(~に反対である)
- I am opposed to nuclear testing.
 (私は核実験には反対だ)

opposite
(**形** 向こう側の)

the house opposite to us
(私たちの家の真向かい)

反対の
- Black is opposite to white.
 (黒は白の反対だ)

opposition
(**名** 反対、抵抗)
- He spoke in opposition to my plan.
 (彼は私の案に反対の発言をした)

expose

[ex] + [pose] → 外に置く
out

動 さらす、暴露する、陳列する

expose A to B
(AをBにさらす)
- The bicycle was exposed to the rain.
 (その自転車は雨ざらしになっていた)

exposure
(**名** さらすこと、暴露、露出)

exposition = *expo*
(**名** 博覧会)

international exposition
(万国博覧会)

衣服

clothes
(一般に)衣服
two suits of clothes
(スーツ2着)

clothing
(集合的に)衣料品
food, clothing and shelter
(衣食住)
two articles of clothing
(衣類2点)

- She is dressed in new clothes.
  (彼女は新調の服を着ている)
- This dress looks very nice on her.
  (この服は彼女によく似合う)

put on one's clothes
(服を着る)
take off one's clothes
(服を脱ぐ)
- May I try it on?
  (試着していいですか)

dress
婦人・女の子の服、ある行事・目的にふさわしく着飾るための服

costume
ある時代・地域・国などに特有の服、舞台の衣装

wear
特定の目的のための服

uniform
制服、ユニフォーム

custom clothes
(注文服)
ready-made
(既製服)
tailor
(〈紳士服の〉洋服屋、仕立て屋)
dressmaker
(〈婦人服の〉仕立て屋)

pants, trousers（ズボン）
tie（ネクタイ）
shirt（ワイシャツ）
sweater（セーター）
sweat shirt（トレーナー）
underwear（下着）
coat, jacket（上着）

sleeve
袖
long sleeves（長袖）
short sleeves（半袖）
without sleeves（袖なし）

collar
襟
white-collar
（オフィスで働く人）

button
ボタン

cuff
袖口

zipper
ファスナー

showy, flashy
派手な ↕
plain
地味な
- This sweater is too plain for me.
（このセーターは私には地味すぎる）

hem
すそ

light color
明るい色 ↕
dark color
暗い色
- Do you have this T-shirt in blue?
（このTシャツで青色のはありますか）

◆patterns◆
striped（縦じま模様）
- He wears striped ties everyday.
（彼は毎日縞模様のネクタイをしている）

vertical stripe（縦じま）
horizontal stripe（横じま）
pinstripe（極細の縦じま➡阪神タイガース、NYヤンキースのユニホーム）
polka dot（水玉）
check（チェック）
tartan（格子じま）

お正月

お正月
the New Year

- The New Year is drawing near.
  （お正月が近づいている）
- I wish you a Happy New Year.
  ＝Happy New Year（to you）!
  （新年おめでとうございます）
  ―Same to you!
  （新年おめでとうございます）

kiteflying（凧揚げ）
top（こま）
spin a top（こまを回す）

New Year's Eve
（大晦日）

buckwheat noodles customarily eaten on New Year's Eve
（年越しそば）

the tolling of temple bells at midnight on New Year's Eve
（除夜の鐘）

- Most people listen to the tolling of temple bells at midnight on New Year's Eve.
  （大晦日にたいていの人は除夜の鐘を聞く）

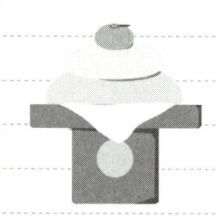

New Year's Day
(元日)

New Year's party
(新年会)

see the New Year in
(新年を迎える)

New Year card
(年賀状)

exchange New Year's greetings
(年賀の挨拶をかわす)

pay a New Year's call
(年賀に行く)

New Year's present (of money)
(お年玉)

Japanese battledore and shuttlecock
(羽根突き)

(special) dishes for the New Year
(おせち料理)

the first visit of the year to a shrine
(初詣で)

one's first dream on the first or second night of the New Year
(初夢)

バグダッド攻略

① 北からの攻撃 (NORTHERN FRONT)

- 数千規模の米軍部隊がトルコ領内からイラク北部に侵略
  (Thousands of U.S. troops stationed in Turkey would flood into Iraq from the north.)

「人・ものが洪水のようにどっとおしよせる」

「位置につく」意味

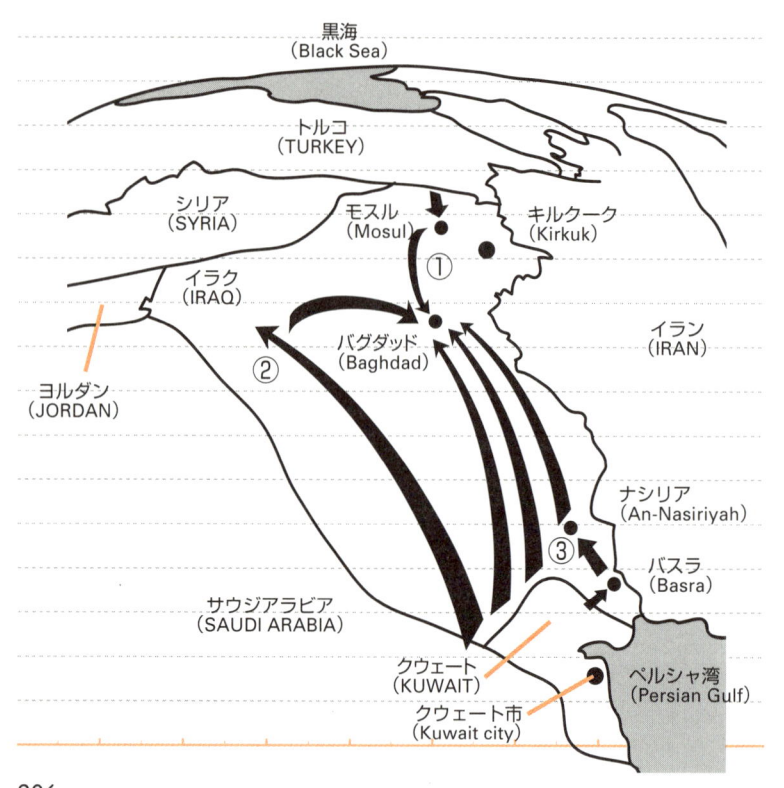

黒海 (Black Sea)
トルコ (TURKEY)
シリア (SYRIA)
モスル (Mosul) ①
キルクーク (Kirkuk)
イラク (IRAQ)
バグダッド (Baghdad) ②
イラン (IRAN)
ヨルダン (JORDAN)
ナシリア (An-Nasiriyah)
バスラ (Basra) ③
サウジアラビア (SAUDI ARABIA)
クウェート (KUWAIT)
クウェート市 (Kuwait city)
ペルシャ湾 (Persian Gulf)

イラク軍の軍事力（IRAQI POWER）

- 兵力（TROOPS）
—イラク陸軍の規模は湾岸戦争時の3分の1に縮小
 （The Iraqi Army has shrunk to one third the size it was during the Gulf War.）
- 装備（EQUIPMENT）
—イラク軍の装備は貧弱
 （The Iraqi Army is poorly equipped.）

② 西からの攻撃（WESTERN FRONT）

- 米軍部隊がイスラエルに向けられたイラク軍スカッド・ミサイルの発射地域を破壊予定
 （U.S. troops want to destroy launching areas for Iraq Scud aimed at Israel.）

「銃などを〜に向ける」　　「敵などをほろぼす」

③ 南からの攻撃（SOUTHERN FRONT）

- 米軍の主力部隊はクウェートからバグダッドに向かって進撃する
 （The bulk of U.S. troops will drive up to Baghdad from Kuwait.）

「大部分」「大半」

イスラエルパレスチナ紛争
―Israel-Palestinian conflict

No. 095

イスラエルとパレスチナ周辺

- 地中海 (Mediterranean Sea)
- レバノン (LEBANON)
- ベイルート (Beirut)
- シリア (SYRIA)
- 旧安全保障地帯 (former security zone)
- ゴラン高原 (Golan Heights)
- ヨルダン川西岸地区 (the West Bank of the RiverJordan)
- エルサレム (Jerusalem)
- アンマン (Amman)
- ガザ地区 (Gaza Strip)
- 死海 (Dead Sea)
- イスラエル (ISRAEL)
- エジプト (EGYPT)
- ヨルダン (JORDAN)

覚えておきたい人名

アラファト議長 (Chairman Arafat)
→ パレスチナ解放機構 (PLO) の指導者。パレスチナ難民を率いてイスラエルとのゲリラ・テロ戦を戦う。1994年にノーベル平和賞を受賞。

コリン・パウエル (Colin Powell)
→ 米国国務長官 (Secretary of State)。米兵の損害を最小にするために待ちの姿勢を取る。米国民に絶大な人気を得る。

アリエル・シャロン (Ariel Sharon)
→ 2000年にパレスチナとの緊迫状態のさなか、エルサレムのユダヤ聖地を突然訪問し、パレスチナ大暴動を引き起こす。その直後に選挙をへて、イスラエル首相になる。

頻出単語一覧表

パレスチナ自治政府 (Palestinian Authority)
パレスチナ自治政府議長 (Palestinian Authority President)
パレスチナ解放機構 (Palestine Liberation Organization 〈PLO〉)
自治区 (autonomous area)
自爆テロ (suicidal terrorism)
自爆テロリスト (suicide terrorist)
自爆テロ犯 (suicide attacker)
難民キャンプ (refugee camp)
虐殺 (genocide)
虐殺する (beef up)
〜を虐殺する (slaughter)
武装集団 (militia group)
暴動 (uprising)
休戦、停戦 (truce)
休戦協議 (truce talks)
侵略、侵攻 (incursion)
撤退 (withdrawal)
入植地 (settlement)
占領 (occupation)
流血の惨事 (bloodshed)
緩衝地帯 (buffer zone)
バス爆破 (bus bombing)
和平合意 (peace agreement)
和平交渉 (peace negotiation)
和平案 (peace plan)
和平プロセス (peace process)
和平提案 (peace proposal)
政治過程、政治プロセス (political process)
国際介入、国際調停 (international intervention)
イスラム過激派 (Islamic extremist)
イスラム聖戦 (Islamic Jihad)
イスラム教徒 (Islam もしくは Islamite 〈Muslim〉)

朝鮮半島

中国 (CHINA)
朝鮮民主主義人民共和国 (NORTH KOREA)
朝鮮半島
ピョンヤン (Pyongyang)
インチョン (Incheon)
ソウル (Seoul)
大韓民国 (SOUTH KOREA)
プサン (Pusan)

頻出単語一覧表

共産主義国（communist country）
共産主義政権（communist regime）
日朝国交正常化交渉（Japan-North Korea normalization talks）
日朝平壌宣言（Japan-North Korea Pyongyang Declaration）
拉致問題（abduction issue）
拉致被害者（abduction victim）
永住帰国（permanent return）
核問題（nuclear issue）
核開発問題（nuclear development problem）
核開発計画（nuclear plan）
核兵器開発プログラム（nuclear weapons development program）

核兵器保有（possession of nuclear weapons）
原子炉（nuclear reactor）
核査察官（nuclear inspector）
万景峰号（Man Gyong Bong）
不審船（suspicious ship）
国防委員会―北朝鮮（National Defense Commission）
国家情報院―韓国（National Intelligence Service）
ミサイル輸出（missile export）
ミサイル発射（missile launch）
ノドンミサイル（Nodong）
地対艦ミサイル（land-to-ship missile）
対話（dialogue）
外交的解決（diplomatic solution）
孤立主義（isolationism）
国民再融和、国民和解（national reconciliation）
亡命（defection）
亡命者（defector）
直接亡命（direct defection）
脱走兵（deserter）
食糧不足、食糧難（food shortage）
食糧援助（food assistance）
肥料援助（fertilizer aid）
補償問題（compensation issue）
人質外交（hostage diplomacy）
瀬戸際外交（brinkmanship）
切り札（bargaining chip）
強硬政策（hard-line policy）
強硬姿勢（hard-line stance）
敵対関係（hostile relation）
交渉のテーブル（negotiating table）

トラベル

No. 097

travelを使った例文・単語
- I'll go to travel abroad.（海外旅行に行くつもりです）
- We traveled for 2 months.（私たちは2ヶ月間旅行しました）
- Sound travels through water.（音は水中を伝わる）
- traveler（traveller〈英〉）（旅行者）
- travel sickness（乗り物酔い）

travel

動 旅行する、〜へ行く、(音、知らせなどが)伝わる
名 旅行

※ travail「骨折り」が原義。もともとtravailはフランス語で「仕事、勉強」という意味。

tra-のつく言葉
→ acrossの意味。物の移動のニュアンスがある。

trace	(人、物の通った)跡、形跡
track	(人、物の通った)跡、小道、鉄道線路
trade	貿易、商売
tradition	伝統（引き渡されたもの、が原義）
traffic	往来、交通
train	列車、訓練する
trans-fer	移動させる
-late	翻訳する
-port	輸送する

（trans はacross, between, overの意味がある）

観光旅行	sightseeing
周遊旅行	tour, round-trip
新婚旅行	honeymoon
修学旅行	school excursion
国内旅行	domestic tour
海外旅行	overseas tour, travels abroad
一人旅	travel alone
出張	business trip, official trip

類義語

travel
一般的な場所から場所への移動、旅行。アメリカ英語では短期長期どちらの旅行にも用いるが、イギリス英語では特に長期旅行を意味する。

≧

trip
特に短期旅行を意味する。（通常、take a tripだと観光旅行、make a tripだと仕事での旅行になる）

≠

travels
長期の旅行、特にある一定期間を指す時に複数形で用いられる事が多い。
during my travels
旅行中に

journey
陸上の比較的長い旅行。旅程・行程の意味もある。フランス語のjour「一日、日々」が原義。「旅路」など文学的なニュアンスも含む。

↕

tour
周遊旅行の意味が強い。フランス語でのtour「一周」が原義。

voyage
フランス語で「旅」を意味する。英語ではjourneyが陸路の旅を表すならvoyageは長期の船旅、空の旅、宇宙旅行などを表す。

excursion
通例、団体での小旅行を指す。日帰りの遠足にも使われる。

cook & eat

No. 098

breakfast
朝食

coffee (コーヒー)
tea (紅茶), cocoa/ hot chocolate (ココア)
roast (炒る)
grind (挽く)
coffee beans (コーヒー豆)
make some tea (お茶をいれる)

egg (卵)
fry/panfry (フライパンで焼く)
→ sunny-side up (目玉焼き)
scramble (かき混ぜる)
→ scrambled eggs (スクランブルエッグ)
boil (ゆでる)
→ boiled egg (ゆで卵) hard ↔ soft

squeeze (搾る)

cereal (シリアル／コーンフレーク)
pour some milk (牛乳を注ぐ)

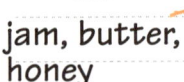

jam, butter, honey (ジャム、バター、ハチミツ)
spread (塗る)

bread (パン)
slice (薄く切る)
toast (こんがり焼く)
dark (よく焼いたもの)
medium brown (軽く焼いたもの)

cook & eat

メモ

- 日本ではwhite breadが多いが、英米ではwhole-wheat flour (全粒粉) を使ったbrown breadもよく食べる。
- コーンフレークのようにそのまま食べるものをdry cereal、oatmeal (オートミール) のように温めて食べるものをhot cerealという。
- Lemon teaはあまり飲まれない。tea with milk (white tea) が多い。アメリカではお茶の時間をcoffee breakといい、イギリスではtea breakという。イギリスではさらに、tea breakがmorning tea (午前中)、afternoon tea (午後)、high tea (夕方、軽い夕食代わりにもなる) に分けられる。全ての人がとっているわけではない。
- パンとコーヒーだけの欧風朝食をcontinental breakfastという。

lunch
昼食（英米ともに軽め）

sandwich, hamburger, hot dog（サンドウィッチ、ハンバーガー、ホットドッグ）
takeout〈米〉, takeaway〈英〉（お持ち帰り）
lunch bag, lunch box（弁当）

※ 昼でも豪勢な食事をとる場合は、lunchではなくdinnerという

supper/dinner
夕食

※ dinnerは晩餐なのでしっかりとした豪勢な食事

appetizer（食前酒）／hors d'oeuvre（前菜）／soup（スープ）／entrée（主要料理）／dessert（デザート）

garnish/vegetables added to meat(fish)（付け合せ）
potato（じゃがいも）, carrot（人参）
peel（皮をむく）
boil（ゆでる、煮込む）
mash（つぶす）
serve/help（盛る・よそう）
arrange/place（並べる）

dessert（デザート）
bake（焼く／ケーキやパンなど）
scoop（すくう／アイスクリームなど）
whip/beat（泡立てる）

salad（サラダ）
wash（洗う）
vegetables（野菜）
cut（切る）
lettuce（レタス）
cucumber（きゅうり）
tomato（トマト）
chop（刻む）
grate（〈おろし金で〉おろす）
cheese（チーズ）
mix（混ぜる）
dressing（ドレッシング）

meat & fish（肉と魚）
grill/broil（あぶって焼く）
roast（オーブンで焼く）
fry（deep fry／あげる）（panfry／フライパンで焼く）
steam（蒸す）
season/flavor（味をつける）

--- 食べる動詞 ---

eat（食べる。スープなどにもeatを使う）
have（物を食べる、飲む、たばこを吸うなど幅広く使われる）
take（やや形式ばった語だが、イギリスでよく使われる）
taste（味わう）
chew（噛む）
lick（なめる）
drink（飲む）
swallow（飲み込む）
sip（すする）

味覚

まろやか
mild, smooth, mellow
- This has a mild taste.
  (これはまろやかな味がする)
mellow whisky
(まろやかなウィスキー)

あっさり
plain
淡白
plain salad
(あっさりしたサラダ)
light
消化がよい
simple
凝っていない
- I can do simple cooking.
  (簡単な料理ならできます)

こってり
heavy, rich
rich Chinese food
(こってりとした中華料理)

濃い
strong, thick
strong coffee
(濃いコーヒー)
thick soup
(濃いスープ)

savor
(風味)
[英ではsavour]

味、味覚
taste

薄い
weak, watery
weak coffee
(薄いコーヒー)
watery milk
(薄い牛乳)

flavor
(香りを伴った味覚)
[英ではflavour]

変な
funny
- This sandwich tastes funny.
  (このサンドイッチは変な味がする)

甘い

sweet

sweet and sticky chocolate cake（甘くてべたつくチョコレートケーキ）
mild sauce（甘口のソース）
be too sweet（甘ったるい）
sweet wine（甘口のワイン）

辛い

hot, pungent, dry

rich and pungent sauce（濃厚で辛いソース）
hot mustard（辛いマスタード）
dry wine（辛口のワイン）

すっぱい

sour, acid, tart

sour grape（すっぱい葡萄）
tart green apple（すっぱい青林檎）
acid lemon（すっぱいレモン）
（sour＜acid）
sweet and sour（甘ずっぱい）

苦い

bitter

bitter medicine（苦い薬）
slightly bitter（ほろ苦い）
bittersweet chocolate（甘くて苦いチョコレート）

しょっぱい

salty

salty salmon（塩辛いサーモン）
be not salty enough（塩気が足りない）

渋い

astringent

astringent persimmon（渋い柿）
rough wine（渋いワイン）

まずい

poor, not good/tasty, terrible, taste bad

- That dish tasted terrible.（それはまずい料理だった）
- This cake is not tasty.（このケーキはまずい）

おいしい

good, delicious, nice, fine

nice meal（おいしい食事）
- That was delicious.（とてもおいしかったです）

アート

No. 100

1 art はもともと「技術 (technique)」の意味

(芸術が芸術として定義されていなかった時期には、芸術家artistも職人artisanだった)

art (芸術・技術) ─┬─ artist (芸術家) ── artistic (芸術的な)
　　　　　　　　 └─ artisan (職人) ── artificial (人工的な)

fine arts…主に、絵画・彫刻・建築・工芸を指す
　　　　　(広義には、詩・音楽・舞踊・演劇・映像芸術も指す)

その他の類語

- artistically (芸術的に)
- artful (狡猾な・巧妙な・技巧的な)
- arty (凝り過ぎの・芸術家ぶった)

2 絵画 picture

painting (彩色絵画)
- oil painting (油絵)
- watercolor (painting) (水彩画)
- pastel (パステル)

drawing (線画)
- charcoal drawing (木炭画)
- sketch (スケッチ、写生)

print (版画)
- woodcut (木版)
- lithograph (石版)
- etching (銅板)

3 絵の種類

- landscape (風景画)
- portrait (肖像画)
- self-portrait (自画像)
- still life (静物画)
- religious picture (宗教画)
- illustration (挿絵)
- caricature (諷刺画)

❹ 造形芸術 plastic art

- sculpture（石・木・金属・粘土など）⎫
- carving（木・象牙など）　　　　　　⎬（彫刻）
- engraving（金属・木・石など）　　　⎭
- arts and crafts（アーツ・アンド・クラフト、工芸美術）

❺ 美術館

美術館 …… museum of arts（museumだけの場合、博物館の意味で美術品以外の展示も指す）/ art gallery

学芸員 …… curator（美術品の管理者）
educator（来館者に説明・授業を専門的に行う人）

展覧会 …… exhibition ＜ exposition（より大規模）, show（略式）

exhibit	expose
展示する	さらす
見せる	暴露する
	陳列する

→ ともに、display, showより堅い語

古美術 …… old art objects / antiques

美術史 art history

クラシック	classic / 古典主義 classicism
ルネッサンス	Renaissance
近代芸術	modern art
ロマン主義	romanticism
印象派	impressionism
前衛美術	avant-garde art
超現実主義	surrealism
抽象美術	abstract art
現代芸術	contemporary art
ポップアート	pop art

my note

my note

downaging
「若返り願望」

downagingは文字通り若返り願望です。
いつの世の中でも、年をとっていく人間は老化したくない、若返りたいという願望を持ちます。現代社会は、髪の毛を染めることをはじめ、スポーツでトレーニングをするなど、さまざまな「若作り手段」が溢れています。もともと期間を表した単語ですが、それが「年齢」「時代」の二つに分かれました。
さまざまなフレーズがある単語ですので文章化してみましょう。
middle age（中年）になると、middle-age spread（中年太り）になります。
the retiring age（定年）を迎え、やがてold age（老年）になるわけですが、mental age（精神年齢）やphysical age（肉体年齢）は、若者並みだったりします。

- **I am old.**（私は老人です）
- **He got old.**（彼は大人になった）
- **We got aged.**（私たちは年をとった）
the Stone Age（石器時代）
the Middle Ages（中世）
the Elizabethan Age（エリザベス朝時代〈1558〜1603年〉）
Coming of Age Day（成人の日）
- **Age before beauty.**（美人より年長者が先〈若い女性と年配の女性がすれ違って、若い女性が道を譲るとき、おどけながら言うせりふ〉）
- **She looks young for her age.**（彼女は、年より若く見える）

なお、フランス語でもâgéは「年老いた」を意味する形容詞です。アジェと発音します。

幾つかのビジネス英語

ここでは、下記の幾つかのビジネス英語を紹介しましょう。

> ①**downsize**（規模を縮小する）
> ②**philanthropy**（フィランソロピー、社会公益活動）
> ③**shop-oriented thinking**（現場主義）
> ④**monetary policy**（金融政策）
> ⑤**fiscal policy**（財政政策）
> ⑥**fiscal deficit**（財政赤字）
> ⑦**fiscal reconstruction**（財政再建）

②は、もともと「博愛」「社会事業」を表す単語でした。
現在では、企業の社会的責任の一貫としての公益活動を表すようになりました。
③は日本でも強調される現場主義です。
orientは「東洋」「東洋の」「方向付ける」を意味する単語です。
~orientedで「～に方向付ける」という意味であり、意訳すると「～向き」「～を重視した」という意味になります。shopは消費者との接点ですから、ホットな現場として把握されているわけです。
fiscalは「財政の」という形容詞です。
deficitは「不足」という名詞です。ただ、類似語が多く、いずれもマイナスの意味です。
まとめて記憶するといいでしょう。

> **deficit**（不足）
> **deficiency**（不足、欠乏）
> **deficient**（～が不足した、不十分な）
> **default**（債務不履行）
> **defect**（欠陥）

reconstructionはre（再）＋construction（建設）ですから「再建」ですね。

save our society
「社会救済願望」

save our societyは社会をより良くしたいという願望を意味します。特に、アメリカでは日本以上にボランティア活動が盛んであったり、愛国心の強さもうかがえます。
save the earthという環境保護のキャッチフレーズもあります。また、京都の環境を守る次のような憲章もあります。
CONSTITUTION of the International Society to Save Kyoto（京都を守る国際憲章）

saveという単語には「①救う②蓄える③節約する④保護する」というような意味があります。例文を挙げてみましょう
①He saved the girl's life.（彼はその女の子の命を救った）
②You should save for the vacation.（休暇のために貯金すべきです）
③Save 20%!（20%もお買い得！）
④Seat belts save lives.（シートベルトは生命を守ります）
また、球技のsaveは敵の得点の阻止、防衛を意味します。この意味合いでは19世紀後半から使われるようになりました。特に野球では、救援投手がリードを守りきってチームを勝たせることを言います。また、走者が塁に生きることをsafeと言いますが、これは「安全」という意味ですね。名詞では、「金庫」を意味します。

次にsocietyを説明しましょう。この単語には「社会、世間、組合、交際、社交界」という意味があります。語源となったラテン語は「仲間」という意味で、現在は「社会」という意味で使われることの多い言葉ですが、もともとは「交際」という意味が強かったようです。広く人の集まりを意味します。形容詞はsocial「社会の」ですね。

---

social security（社会保障）
the social security system（社会保障制度）
social welfare（社会福祉）
social service（社会奉仕）
high echelons of society=the upper class（上流階級）
the middle class（中流階級）
the lower class（下層階級）

> **a member of society**（社会の一員）
> **an aging society**（高齢化社会）
> **a male-dominated society**（男中心社会）
> **an academic career-oriented society**（学歴偏重社会）
> **polluted society**（穢れた社会）
> **a closed society**（閉鎖社会）

family-first principle　マイホーム主義
マイホーム主義というのは、戦後日本の核家族化の中で、社会や仕事より家庭を大切にする考え方として、一般化したフレーズですね。
my homismとは言いません。英語化するなら、family-first principleになります。直訳すると「家庭第一主義」です。family-oriented principleとも言えます。firstは、言うまでもなく、oneの序数で「第一の」という意味です。例文を出してみましょう。

> - **Responsibility comes first.**（責任が第一です）
> - **He gives priority to family over all others.**
>   （彼は、何よりも家庭を優先する）

principleはもともと「根本、本質」という意味でした。今では次のようにまとめられます。

> **principle**（主義、原理）
> **on principle**（主義として）
> **the principle of relativity**（相対性原理）
> **It is against my principles.**（それは私の主義に反する）

類似語をまとめましょう。

> **principal**（主要な、校長）
> **prime**（全盛期、主要な）
> **primary**（第一の、主要な、初級の）
> **primeval**（原始の）
> **primitive**（原始の）
> **principle**（根本の原理）
> **theory**（実践に対する理論）
> **doctrine**（政治、宗教上の原理）

hanger(s)-on

「とりまき」

hanger-onは「とりまき」「人に付きまとう人」という意味です。類似語を先にまとめましょう。

> **follower**（信奉者）
> **groupie**（スターのとりまき、親衛隊）
> **political hanger-on**（政治ゴロ、政治家にまとわりつく人々）

ダイアナ妃を追い掛け回したカメラマンたちを、パパラッチと呼んでいましたね。ちなみに、これはイタリア語です。
hangも、なかなかしぶとい単語です。
次のように意味によって活用が異なります。
hang-hung-hung（吊るす）
hang-hanged-hanged（絞首刑にする）
また、複数の意味があります。

> **hang**
> ①吊るす
> ②絞首刑にする
> ③こつ
> ④友達がたむろするところ

次のように展開します。

> **hanger**（洋服掛け、ハンガー）
> **coat hanger**（洋服掛け、ハンガー）
> **hang on**（電話を切らないでおく）
> **hang up**（電話を切る、受話器を置く）
> **hang glider**（ハンググライダー）
> **hang about**（うろうろする、ぐずぐずする）
> **hang a prisoner**（囚人を絞首刑にする）
> - **You should put your hat on the hanger.**
>   （帽子はハンガーにかけておくべきです）

もう少し、有効な例文を並べましょう。

- **Famous movie stars are sometimes surrounded by hangers-on.**
  (有名な映画スターたちは、時に、とりまきに囲まれます)
- **Hang on, please.**
  (電話を切らないで、そのままにしておいてください)
- **Hang up, please.**
  (電話を切ってください)
- **Dark clouds are hanging low.**
  (黒雲が低くたれこめている)

countとaccountとdiscount

「三兄弟」

countとaccountとdiscountは三兄弟です。
まず基本をまとめましょう。

> **account**
> ①銀行預金口座
> ②勘定
> ③説明
> ④価値
> ⑤理由
>
> **count**
> ①数える
> ②計算、総計
> ③野球やボクシングのカウント
> ④あてにする
> ⑤伯爵
>
> **discount**
> ①割引する
> ②割引

たくさん意味があるようですが、交通整理するとすっきり覚えられます。
まず、accountは意味が重く、countのほうが日常的。
discountは、countの反対語。
日常的な熟語、派生語の展開から説明しましょう。

> **account for ~**（~を説明する）
> **on account of ~**（~のために）
> **accountability**（説明責任）
> **count on ~**（~をあてにする）

accountabilityは、最近、企業の責任の一種として重視されているものです。
それではビジネス英語です。

> **capital account**（資本収支）
> **current account**（経常収支、当座預金）
> **account balance**（貿易収支、勘定残高）
> **discount charge**（割引料金）
> **head counting**（人数数え）
> **certified public accountant**（公認会計士）
> **savings account**（普通預金）
> **checking account**（当座預金）

例文です。

> **I have to transfer money from ordinary account to checking account.**
> （私は、普通預金から当座預金にお金を移さなければなりません）
> **I will put money in a savings account.**
> （私はお金を普通口座に入れます）
> **What is the interest on the ordinary deposit?**
> （普通預金の利息はどれくらいですか）
> **Would you like to open a savings account or a checking account?**
> （あなたは普通預金口座と当座預金口座のどちらを開きたいですか）
> **Put money in a savings account.**
> （普通預金にお金を入れてください）

petticoat government
‖
henpecked husband

「カカア天下」

petticoat というのは、女性特有の衣装であり、いわば女性のシンボルです。
petticoat government は「女性の政府」が直訳で、意訳すると「カカア天下」です。
henは「雌鳥」、peckは「つつく」、henpecked husband を直訳すると「雌鳥につつかれた夫」です。意訳すると「尻にしかれた夫」あるいは「カカア天下」です。

①似たもの同士の交通整理

飛ぶ fly　flew　flown　　　※flight（飛行）
逃げる flee　fled　fled　　　※flight（逃亡）
揚げる fry　fried　fried
驚かす frighten　frightened　frightened　　※fright（恐怖）

②三角関係で覚える

number ・・・ quality ・・・ quantity
　数　　・・・　質　・・・　量

cause ・・・ effect ・・・ result
原因　・・・ 影響　・・・ 結果

③語呂合わせに頼るのは危険だが、便利なものもある

grave（重大な、墓、彫る）
　「重大な墓を彫る」と覚える
state（州、国家、状態、述べる）
　「州や国家の状態を述べる」と覚える
patient（我慢強い、患者）
　「我慢強い患者」と覚える
natural（自然、当然、生まれつき）
fine（細かい、罰金を払って、元気になる）

be in need of ~ = be in want of ~（~を必要としている）
run short of ~（〈貯蔵品、金など〉を切らす）
run out of ~（~を使い果たす）
for lack of ~ = for want of ~（~の不足のために）
be lacking in ~ = be wanting in ~ = be short of ~ = be deficient in~（~が不足している）
be destitute of ~ = be devoid of ~（~がない〈欠いている〉）
be abundant in ~ = abound in~（~が豊富である）

- She did me a kindness.（彼女は私に親切にしてくれた）
- She had the kindness to help me solve the problem.
= She was kind enough to help me solve the problem.
= She was so kind as to help me solve the problem.
= She was so kind (that) she helped me solve the problem.
  （彼女は親切にも私がその問題を解くのを手伝ってくれた）
  ＝彼女は私がその問題を解くのを手伝ってくれるほど親切だった
- She was so anxious (that) she lost her health.
= Her anxiety was such that she lost her health.
= Such was her anxiety that she lost her health.（Such=So great）
  （彼女はとても心配したので健康を失った〈彼女は健康を失うほど心配した〉）

- Don't fail to write.= Be sure to write. = Write without fail.
  （必ず手紙をよこせ）
at any cost = by all means（〈いかなる犠牲を払っても〉ぜひとも、必ず）
at any rate = in any case（いずれにせよ、とにかく）
sooner or later（遅かれ早かれ〈必ず〉）
ten to one = in nine cases out of ten = nine times out of ten（十中八九）
- I never sing this song without recalling my school days.
= I never sing this song but I recall my school days.
= This song always reminds me of my school days.
  （この歌を歌えば必ず学生時代を思い出す）

- This class consists of 30 boys. = This class is made up of 30 boys.
  （このクラスは30人の男子生徒から成っている）
- A man's worth consists in what he is rather than what he has.
= A man's worth lies in what he is rather than what he has.
  （人間の価値は、その人の財産よりもむしろその人柄にある）

- Health does not consist with intemperance.
  （健康は不節制と両立しない）

- That fellow is no better than an impostor.
  （あいつは詐欺師も同然だ〈詐欺師にすぎない〉）
- He is as good as dead. = He is all but dead. = He is almost dead.
  （彼は死んだも同然だ）
- It is next to impossible. = It is hardly possible.
  （それはほとんど不可能だ＝それはほとんど可能でない）

- An idea occurred to me.
= An idea struck me.
= I hit upon an idea.
= I found an idea by chance.
  （ある考えがふと思い浮かんだ）
- It dawned on me that he was a fool.
  （彼が分別のない人だということがわかりはじめた）
- Be careful of pickpockets. = Beware of pickpockets. = Be on your guard against pickpockets. = Watch out for pickpockets.= Look out for pickpockets.
  （すりに注意せよ）
- Watch your step!（足元に御用心）
- See that the door is locked before you leave.
  （出かける前に必ずドアに鍵をかけるように注意してね）
- He paid no attention to such a thing.
= He took no notice of such a thing.
  （彼はそういうことに注意を払わなかった）
- Take care not to break the skin.（皮膚をすりむかないように気をつけろ）
- Be careful in choosing your company.
= Be careful in your choice of company.
  （友達を選ぶ時には気をつけろ）

better half

「妻、配偶者」

これは日本語でのイメージも持ちやすい言葉ではないでしょうか。直訳すると、「よりよき半分」で、一般的に夫が自分の妻をくだけて呼ぶ時に使われます。Let me introduce you to my better half.（君を妻に紹介するよ）というように使います。妻から夫に使うこともありますが、こちらはまれです。結婚によって男女は一体になるという、キリスト教的な考えが色濃く出た言葉ですが、日本に限らず世界中で理解される考え方でしょう。ただ、日本ではどうしても、「奥さん」や「愚妻」というように自分の妻によい表現をしないことが多いものですが、ストレートに相手のことをbetter half、自分より素晴らしい片割れである、という言い方をするのは、アメリカ英語のよいところかもしれません。似た意味の言葉で、best pieceもあります。

ここで使われているbetterという単語は、good、wellの比較級ですが、センテンスによってニュアンスが多少違ってきます。普通に比較級の文章中でももちろん使いますし、I feel better today.のように使えば、普段より調子がいいというよりは、悪かった調子が少しはましになったという意味になります。
betterを使った例文です。

- **You're a better dancer than Mary.**
  （あなたはメアリーよりダンスがうまい）
- **How do you feel?**（調子はどうですか？）
  —**Never better!**（絶好調です〈これ以上はない、という意味〉）
  —**I feel better today.**（今日はだいぶ調子がいいです）
- **You had better hurry.**（急いだ方がいい〈急ぎなさい〉）

また、halfは、「（一つのものの）半分」という意味から、「不完全な・半端な」という意味も持っています。half-bakedは「生焼けの」、half knowledgeは「生半可な知識」、half-wittedはwit（知力・機知）が人の半分しかない、ということで「まぬけな」という意味になります。

speakeasy
「携帯エラブル虫」

speakeasyはもともと、米俗語で禁酒法時代の「もぐり酒屋・酒類密売所」のことです。「こっそりと酒を注文する」という意味合いからこう呼ばれるようになりました。禁酒法は1917年，アメリカで憲法修正条項として議会で可決され，1920年から施行されました。しかし、たちまちのうちにもぐり酒場が氾濫し，1929年にはニューヨークのマンハッタンに約32000軒もあったと言われます。戦争資金の調達と治安改善のために作られたはずの禁酒法によって、逆に酒類の密売、密輸、密造を利用したマフィア（当時の有名なマフィアにアル・カポネがいます）が勢力を伸ばすことになり、結局禁酒法は1933年に廃止されますが、この時に力をつけたマフィアはますます勢力を伸ばし、政府と密接なつながりを持つようになりました。

このような興味深いエピソードのあるspeakeasyという言葉ですが、現在、携帯電話の普及に伴い、「携帯エラブル虫」という新しい意味が発生しました。自分に話しかけるなとばかりに偉そうに携帯で話し込んでいる人のことを指します。こっそりと、しかし大手を振って行われていた酒類の密売とイメージが合っているということでしょうか。しかし、この意味の他に、文字通り「気楽に話す」という意味でも使われます。インターネット上のBBSの表題にされていたり、アメリカに「speakeasy」という名前のISP（インターネットサービスプロバイダ）の企業があることもおもしろい例です。また、1990年代に米国防総省が着手した、米軍の組織ごとにバラバラで互換性のない通信システムを結びつけられるような、携帯型無線通信機の開発を目指すプロジェクトを「スピークイージー」（SPEAKeasy）プロジェクトと言いました。

ここで使われているspeak（speak-spoke-spoken）という単語ですが、幅広く「話す」ことを意味する単語です。同じく「話す」と訳すことのできるsay, talk, tellと比較すると、say（say-said-said）は話の「内容、意味」に重点が置かれるときに使われ、talk（talk-talked-talked）は複数の人が話に参加しての言葉のやりとりがある場合に使われ、tell（tell-told-told）は必ず相手をともない「伝える、知らせる」のニュアンスが強くなります。

- **He speaks English.**（彼は英語を話します）
- **He spoke for 3 hours.**（彼は3時間にわたり演説した）
- **The player said he would retire.**（その選手は引退すると話した）
- **We talked for about 2 hours.**（私たちは約2時間話をした）
- **She told me about her troubles.**（彼女は私に悩みを話した）

speakという単語から派生した単語、熟語を挙げます。

speaker（演説者、話者、オーディオのスピーカー）
speech（演説、話し方、話す能力）
－**speak**（〈名詞と連結して〉業界用語）
　※例えば、**oilspeak**（石油業界用語）
generally speaking（〈通常文頭で〉一般的に言えば）
- **Speak for yourself.**（自分のことだけ言ってくれ＝一緒にしないでくれ）

また、easyも口語で頻繁に使われる言葉です。「簡単な」というよく使われる意味のほかに、「気楽な、ゆったりした」という意味もあります。反意語はdifficult, an easy coat「ゆったりしたコート」などの意味に使う場合は、tightが反意語になります。

- **The text is easy to understand.**（そのテキストはわかりやすい）
- **Please make yourself easy.**（くつろいでください）
- **Take it easy!**（落ち着いて！、がんばってね！）
easy listening（聞きやすい軽音楽）
- **This could easily be the book we're looking for.**
  （私たちが探しているのは、たぶんこの本に違いない）
  ※can, may, could, mightと共に用いるとき、「ほぼ間違いなく、たぶん」の意味になる

SWOT analysis
「スウォット分析」

これは現在、多くの企業で頻繁に行われるものなので、耳にしたことのある人も多いでしょう。自社と競合他社の強み（Strengths）・弱み（Weaknesses）・機会（Opportunities）・脅威（Threats）の四項目を表に書き出し分析することで、企業が自社の立場を把握し、市場に対して適切なマーケティング戦略を実施するための分析手法です。SWOTは、これら四つの単語の頭文字をとったもので、「内部環境」（＝S，W）⇔「外部（市場）環境」（＝O，T）や「可能性」（＝S，O）⇔「危険性」（＝W，T）といった具合に対照的なグループに分けて分析をします。SWOT分析は、現状の分析、評価をする場合には非常に効果的ですが、「強み」「弱み」という言葉は広義なものであるため、詳細な把握や長期的戦略の指標としては不向きです。従って、SWOT分析はプロジェクトの初期段階で用いられるのが普通です。

Strengths
　自社の強み　強みから得られる機会は何か？→積極的攻撃　強みから回避できる脅威は何か？→差別化・自社の特徴の検討

Weaknesses
　自社の弱み　弱みで機会を逃さないために何が必要か？
　→持久戦　弱みと脅威が重なる最悪の事態を回避するためにはどうすればいいか？

Opportunities
　機会（外部環境）

Threats
　脅威（外部環境）

　内部環境…経営ビジョン、製品の品質、販売力、技術力、生産能力、コスト、組織力、人材、財務
　外部環境…競合他社、市場、技術革新、法規制、景気動向、ニーズの変化

また、これはマーケティングに限った話ではなく、何にでも応用できるのではないでしょうか。例えば、スポーツのチーム戦略などにも。分かりやすく使いやすいものですので、多くの場で活用してみるといいかもしれません。

ここで、それぞれの単語について調べてみましょう。
Strengthは、「力、強み、影響力」などの意味があり、strongという形容詞の名詞形になります。strength of will（意志の強さ）、military strength（軍事力）、のように使いますが、strength of tea（お茶の濃さ）というおもしろい用法もあります。
Weaknessは、「弱さ、弱点」という意味で、weakという形容詞の名詞形。それぞれ、strength、strongの対語になっています。
Opportunityは「機会、チャンス」という意味で、chanceと似ていますが、ニュアンスとして、chanceが予期せずに巡ってきた好機という偶然性が高いものを指すのに対し、opportunityは意図的に作り出した機会というニュアンスがあります。また、chance の前には所有格がつくことは可能ですが（Now's your chance.「今が君のチャンスだ」）、opportunity の前に所有格がつくことはまれです。
Threatは「脅迫、脅威」という意味の名詞で、thereatenがもともとの動詞です。threat to（またはagainst）＋名詞で、「〜の脅威になる」と表せます。また、単数形で、「悪いことの兆し」という意味にもなります。

また、さまざまな分野で使われるanalysisという単語は、analyze（分析する）という動詞の名詞形になります。anaが「各々に」、lysisが「分解する」という意味を持っています。ここから「分解、分析する」という意味が生まれました。本来、化学分析から使われ始めたこの言葉は、現在では、自然・社会科学に限らず、日常生活で広く使われています。

analyze（analyse〈英、豪〉）（分析する、分解する）
analyst（分析者、解説者）
analytic（分析的な）
psychoanalysis（精神分析）

※ロバート・デニーロ主演の「アナライズ・ミー」という映画。
　頭のおかしい主人公が "**analyze me.**" と精神科医にせまる作品

get-together
「コンパ（集まり）」

日本でも、仕事のあとにみんなで集まって飲み会を開く（have a get-together over drinks）という機会はたくさんあります。このget-togetherという単語は、日本でいういわゆる「コンパ」にも使いますし、仲間内や仕事関係での「気楽な飲み会・集まり」という意味にも使います。getはこの場合、「～の状態にする」、togetherは「一緒に」の意味です。

もともと、get togetherで熟語動詞として「人が集まる」「人や金を集める」という意味で、飲み会のニュアンスなしでも使われます。この動詞としての用法から、人が大勢集まる場そのものを指すようになったと思われます。コンパや飲み会のことは、単純にpartyと言うこともありますし、男女の出会いが目的のコンパであれば、singles' party, group blind dateと表現することもあります。しかし、get-togetherという単語のほうが幅広く、しかも下品でなく使える便利な言葉といえるでしょう。

> **get togetherの使用例**
> - **Let's get together on Saturday and discuss it!**
>   （土曜日に集まって、それについて話し合いましょう）
> - **He got the capital together for his new business.**
>   （彼は新事業のために資本を集めた）

ここで使われるgetとtogetherという単語について調べてみましょう。get (get-got-got)は「～を得る、～にする、～を持ってくる」などの意味がありますが、さまざまな単語を伴って数多くの意味を表すことのできる動詞で、口語表現でも頻繁に使われます。getの用法を見てみましょう。

> - **I hope to get a job at that bank.**（あの銀行に職を得たい）
> - **She got a cold from her brother.**（彼女は弟から風邪をうつされた）
> - **I've got it.**（わかりました）
> - **He got angry.**（彼は怒った〈get＋形容詞　～の状態になる〉）
> - **Don't get your clothes dirty.**（服を汚さないで〈get＋名詞＋形容詞　…を～の状態にする〉）
> - **I'm going to get my hair cut.**（髪を切ってもらうつもりです〈get＋名詞＋過去分詞　…を～される、～してもらう〉）
> - **Get me a cup of coffee, please.**（私にコーヒーを一杯持ってきてください）

他の単語を伴うと、ますます意味は広がります。

get along（順調にすすむ、うまくいく）
- **He gets along with his classmates.**
（彼はクラスメイトとうまくやっている）

get away（逃げ出す、逃れる、休暇をとる、逃亡、短い休暇）
- **I couldn't get away from the party.**
（パーティーから抜け出すのは無理です）

get into（〜の中に入る、乗る、巻き込まれる）
- **She got into trouble.**（彼女はトラブルに巻き込まれた）

get off（降りる、取る）
- **I got off at Osaka.**（私は大阪で〈バス、電車を〉降りた）
 ⇔**get on, get into, get in**

togetherは to（〜へ）＋gather（集まる）が語源で、個々のものが集まった状態を表す副詞・形容詞です。「一緒に、いっせいに」という意味です。live together「同棲する」、go out together「デートする」、get back together「よりを戻す」、など、カップルに関する言葉も多くあります。

blue glad
「名門の出身」

ここで使われているblue「青」という色は、英語で多様なイメージを持つ言葉です。このblue gladという語や、「貴族出身」という意味を表す言葉のblue blood、「名門大学（特にOxfordやCambridgeを指す）」blue-brick universityのように、優れた・優秀なという意味がある反面、「（作業服を着た）労働者」blue-collarというマイナスイメージや、blue movie、blue jokeは、「ポルノ映画（ピンク映画）」「きわどい冗談」というように、卑猥なイメージも持っているのです。他に、日本語でもそのまま使う「ブルース」bluesと言えば、ブルーノート（ブルースで使われる旋律）を使い演奏される音楽ですが、blueの持つ「憂鬱な、陰気な」という意味からこう呼ばれるようになりました。blueの使われる表現をいくつか挙げてみましょう。

> **blue blood**（貴族出身、名門の家の出身）
> **blue chip**（優良株）
> ※ポーカーで使う青色のチップが最も価値が高いことからこう呼ばれるようになった。「高級な」という意味にも使う
> **blue ribbon**（一等賞）
> ※農業共進会で一等をとった農作物や家畜に青いリボンが与えられる。ここから、一般的な競技会や展覧会でも一等を青リボンにすることが多くなった
> **blue-collar**（〈作業服を着るような工夫などの〉労働者）⇔ **white-collar**
> **blue movie**（**film**）（ポルノ映画）
> ※日本語では同じイメージにピンクが使われるが、英語では青
> **blue Monday**（憂鬱な月曜日）
> ※週末の休み明けから仕事に戻らなければならない月曜日をくだけて表した言葉

また、gladという単語は、現在は「嬉しい、喜んで〜する」という感情をあらわす形容詞として使われていますが、原義は「つるつるの、光沢があって輝いている」になります。この輝きのイメージが、気持ちがぱっと輝いた、喜びの瞬間を表すようになりました。なので、普遍的、永続的な「喜び」の表現にはあまり用いられず、その場合は、happyを使います。blue gladはこのように、「優れている」の青と「光り輝く」のgladを重ねて作られた単語と言えます。英語の単語ではgl-が付く名詞は、光・輝きのイメージを持つものが多いです。例えば、glass「ガラス」、glitter「きらきら光る」、glory「栄光」、そして、今やメイクに欠かせないgloss「グロス（原義は光沢、つや）」、などです。

fat cat

「成金」

直訳すると、「太った猫」になります。日本語でもあまり感じのいい言葉ではありませんね。特に、英語ではfatもcatも、イメージのよくない単語です。細かくは、株などで儲けた配当金で何もせずリッチに暮らす人や政治献金をする金持ちを皮肉って指す言葉です。小学生の頃から株について勉強するアメリカでは、日本よりも株の売買が盛んで、このような人たちが多くいます。逆に、それで大損をする人も、もちろん少なくはないのですが。

ここで使われているfatをそのまま人に使うのは、かなり失礼になってしまいます。名詞ではそのまま、「脂肪・肥満」を意味します。fleshyという単語もありますが、これも同じようによい表現ではありません。少し遠まわしに言う場合、overweightやlarge、heavy（これは特にアメリカ）などを使います。もう少し好意的に言うなら、plumpになります。日本語で言う、「ぽっちゃりした」になります。健康的で、まるまるとした様子をあらわし、主に、子供や女性に対して使われます。女性に対して、fatは使わないほうが無難です。反意語はthinになります。肥満の人が多いアメリカではfat farmと呼ばれる、やせるための道場や講習会も多く存在します。fatは他に、農作地などが「肥沃な」という意味や、「多量の」、また原義の「太った」から、「裕福な」「もうかる」という意味にもよく使われます。

catは、もちろん単純に「ネコ」を意味しますが、このfat catという言葉では、「ネコ」の悪いイメージが強調されて使われています。西洋人にとって、ネコは魔女を連想させる動物であったり、A cat has nine lives.「ネコは9つの命を持っている」というように、「長寿で執念深い」という考え方があったり、キリスト教では「好色、怠惰」の象徴でもあります。俗語で「意地悪女」の意味もあります。

> ● **Max is going to work here again? Fat chance!**
>   （マックスがまたここで働くって？ 見込みは薄いね）
>   ※**chance**はここでは「機会」ではなく「確率」。**fat**は「多量の」という意味になりますが、ここでは反意的に「見込み薄」の意味
>
> **a fat lot of**（たんまりと）
> **catcall**（やじ、ひやかし）
> **cat-and-dog life**（犬猿の仲）

tip of the iceberg

「氷山の一角」

この言葉は、日本語に直訳すると、「氷山の頂点」、ほぼそのまま「氷山の一角」の意味になります。なじみのある言葉ですが、使われだしたのは20世紀半ばからで、比較的新しい単語です。重大な事件のほんの一部分が表れているにすぎないことのたとえです。政治や社会的な大事件などにも使いますが、ある映画のセリフのように、"She's the tip of the iceberg.（彼女は氷山の一角よ）"と、愛人のたくさんいる男性への皮肉、というようにも使えます。似た意味の言葉で、a drop in the ocean（大海の一滴）もあります。justやonlyと一緒に、just（only）the tip of the icebergと使うことで、「氷山の一角にすぎない」と強調して使う例も決まり文句として多く見られます。また、特に事件と関わりなく、「（多くある中の）少しだけ」という意味にも使われることがあります。他に、より皮肉っぽく、軽くなった表現で tip of the ice cubeと表現することもあります。

tipという単語は、ものの尖った先端や頂点を意味します。例えば、鼻の頭を the tip of one's nose、つま先をthe tips of one's toes やtiptoeというように表現します。また、多くある中の少しの部分、ということから、シンプルだが役立つアドバイス、という意味にも使われます。「チップ、心づけ」は日本語でもそのまま使われていますね。

> **tiptop**（頂上、絶頂の、極上の）
> - **Take a tip from me.**（私の忠告を聞きなさい）
> - **They got a tip that the bank would be robbed.**
>   （その銀行が襲われるというたれこみがあった）

映画「タイタニック」でも物語のキーになってしまった「氷山」iceberg（アイスバーグ）ですが、bergだけでも「氷山」を意味します。bergだけで他の意味として使われることはほとんどありません。例外的に、「アフリカの山」を意味するくらいです。ただ、本来bergはドイツ語で〔ベルク〕と発音して、「山、丘」を意味する名詞です。また、icebergは、「冷静（冷淡）な人」、スラングで「不感症の女性」を意味することがあります。また、ICEBERGという有名な海外のアパレルブランドもあります。

shagbile
「愛人専用携帯電話」

日本より離婚率の高いアメリカですが、携帯電話（cell phone, mobile phone）の普及にともない、このような単語も生まれてきました。愛人のいる人にとっては、より便利な環境になってしまった、ということでしょうか。「愛人専用」に限らず、仕事とプライベートをはっきりわけるアメリカ人やヨーロッパ人は、仕事とプライベートの電話を全くわけてしまう人も多いです。日本と違って、携帯電話はチップ式で、全ての情報の入った小さなチップを入れ替えてしまえば、端末は一つで、二つの携帯を持っているように使うこともできます。また、日本に比べて、プリペイド式（料金先払い式で契約が楽である。家に請求書が来ることもない）がはるかに普及していることも、都合のいい状況を生み出していると言えるでしょう。

この単語は、shag＋mobileですが、shagは俗語で「セックスする」を意味し、mobileはこの場合、「携帯電話」を意味します。なので、shagは体の関係だけの「愛人」の意味になり、mobileのbileをとって、「愛人専用携帯電話」になります。

mobileという単語はもともと、mob＋ileで、mobは、「動き」という意味、-ileが「〜しやすい」ですので、「動きやすい、あちこち動く事が可能である」という意味です。mob以外にも、mot、mov、も同じように「動き」という意味で、motive（動機）、motor（モーター、原動力）、movie（映画）などの単語があります。

しかし、一般的に携帯電話はcell phone (cellular phone)と言われるのが普通です。直訳すると、「細胞電話」という、おもしろい意味のある言葉です。携帯電話サービスが、複数の比較的小規模な基地局を置き、基地局ごとにその担当エリアを区切って通信を行う、という方式で行われ、エリアを地図上に記入してゆくと、ちょうど蜂の巣状のタイルを敷き詰めたような感じになっていたので、このエリアのことをcellと呼びました。cellular phoneという名前はこれが由来になっています。また、e-mailも、最近では、I sent you an e-mail.のように名詞として使うよりも、I e-mailed you. や、E-mail me!のように、動詞として使われることが普通になっています。日本語でも、「メールを送りました」より「メールしました」が頻繁に使われるようになっていますね。同じように、faxも動詞として使われますし、例えば、teaも、日本語で「お茶しようよ」というように、動詞として使われます。このように、英語では日本語以上に、名詞が動詞化することが頻繁に行われています。ただ、phoneという単語に関しては、Please phone me.と使うこともももちろんできますが、Please call me.のほうが一般的です。

付け加えておくと、使用頻度の減った「公衆電話」は、最近ではpublic phone よりも、pay phoneと言われるようになっています。

keep one's fingers crossed
「成功を祈る」

この言葉は、おまじないから生まれたものです。中指と人差し指をクロスさせたものを手で作り、相手側に手の甲を向けるようにします。この指の形は、十字架の象徴になっていて、幸運祈願や魔よけのしるしとなります。手で形を作るだけのこともありますし、I'll keep my fingers crossed for you.（あなたの成功を祈っています）と言葉で伝えることもあります。同じ意味でGood luck!という言葉がありますね。また、We're all keeping our fingers crossed for you.というように、allという単語を使って、気持ちを強調することもあります。西洋には、日本以上に多様なジェスチャーがあり、そこから生まれた言葉は少なくありません。ジェスチャーと一緒に意味を覚えてみると、より英語とその文化に親しみを感じることができておもしろいのではないでしょうか。

また、このジェスチャーは子供たちの間で、「嘘をついても嘘にならないおまじない」としても使われます。クロスさせた指を人に見せずに自分の背後で作ります。その場合は、keepは抜きで、cross one's fingersと言います。

ここで使われているkeep (keep-kept-kept)という動詞は、もともと「つかむ」という意味です。物を崩れないようにつかんで、そのままの状態に保つ、ということから、「①～し続ける②そのままの状態に保つ③自分のものにする」という意味で使われるようになりました。例を挙げてみます。

> ①**He tried to keep calm.**（彼は落ち着いていようとした）
> ②**My job has kept me very busy.**（仕事でずっと忙しくしている）
> ③**Keep your change.**（おつりは結構です）

また、ずっと持っておくもの、という意味で、「形見、記念品」のことを、keepsakeと言います。

cross (cross-crossed-crossed)という動詞は、もともと、名詞で「十字形」を意味します。そこから「十字架」や、動詞で「①横切る、横断する②交差させる」の意味が派生しました。また、「③横線を引いて消す、削除する」という意味で使われることもあります。

①**We crossed the river in a rowboat.**
（私たちは手漕ぎボートで川を渡った）
②**He crossed his legs.**（彼は脚を組んだ）
③**Cross his name off.**（彼の名前を（リストから）消しなさい）
④**crossroad**（交差点）　**crossover**（高架、立体交差路）
⑤**cross fire**（〈十字砲火、質問などの〉集中攻撃）

また、形容詞で使われる場合は、目がやぶにらみ（cross-eyed）の状態を表した事から来ているので、「不機嫌な」という意味になり、She was cross with her husband.（彼女は夫に怒っていた）のように使います。

最後に、英語で「指」をどのように呼ぶのか、挙げておきます。

thumb 親指
　※親指は**finger**にならない
　　Thumbs up〔down〕!（いいぞ！、承知した！〔だめだ〕）
first〔index〕finger（人差し指）
second〔middle〕finger（中指）
third〔ring〕finger（薬指）
fourth〔little〕finger, pinky（小指）

make both ends meet
「帳尻を合わせる」

この言葉は、もともと19世紀に使われだした簿記用語です。直訳すると、「両端を合わせる」になりますが、endsが「収入と支出」を意味するので、「収入と支出を同じにする」という意味で、年頭と年末で帳簿の決算が合うようにする、ということになります。しかし、日常会話では「予算、収入の範囲内でなんとかやりくりする」という意味で使われます。bothを省略して、make ends meetでも使えます。主に、否定文の中で使われることの多い言葉です。どこも不況で大変な現在、この言葉の使われる頻度は上がってきているのかもしれません。

- **With three children, it's very difficult to make both ends meet.**
  （三人の子供がいるので、うまくやりくりするのは難しい）
- **We're trying to make ends meet.**
  （なんとか帳尻を合わせようとしています）

ここで使われているmake (make-made-made) という動詞は、「①作る②引き起こす③～させる④…を～にする⑤行う」など多くの意味を持ちます。また、ma-のつく単語には、machine（機械）、maintain（維持する）、majesty（威厳、陛下）など、「力」につながる単語が多いのも特徴です。さまざまなmakeの使用例を挙げてみます。

- **Would you make me a cup of coffee?**
  （コーヒーを一杯入れてください）
- **Don't make a noise.**
  （物音を立てるな）
- **I made him finish his homework.**
  （私は彼に宿題を終わらせた）
- **My children make me happy.**
  （子供たちが私を幸せにする）
- **make a decision** (=decide)（決定する）
  make a reply (=reply)（返事をする）
  make a start (=start)（出発する）

また、meet（meet-met-met）という動詞は、「①会う②迎える③応じる」などの意味がありますが、会うという場合、同義で使われるseeとは違って、意図的に、計画して会う、というニュアンスが強くなります。また、Nice to meet you.のように、初対面で紹介されて会った場合にmeetを使います。Nice to see you.だと、初対面のニュアンスはあまりなく、知っている人に「会えて嬉しい」という気持ちを伝える言葉になります。また、「偶然遇う」の意味で使うときは、meetだけではあまり使われず、happen to meet、meet by chanceというように偶然性を表す単語とともに使います。

①**Come to the party and meet my wife.**
（パーティーに来てください。妻を紹介します）
②**I happened to meet him in the park.**
（公園で偶然彼に遇った）
③**I'm going to the station to meet my son.**
（駅に息子を迎えに行くところです）
※**meeting**（会議、集会）

turn over a new leaf

「心機一転」

この言葉を直訳すると、「新たな1ページをめくる」になります。日本語でもわかりやすい言葉ですね。ここでleafは、「葉」ではなく、「本のページ」を意味します。新しいページをめくって、今までの悪い点を改め再出発をする、ということから、「心機一転」がんばろう、という意味に比喩的に使われます。単純に気分を変える、というよりは、改心する、悪いところを直す、というニュアンスが強い言葉です。I've decided to turn over a new leaf.と言うと、「心機一転してがんばることを決心した」になります。同じような意味で、make a new beginningや、change one's wayが使えます。

turn (turn-turned-turned)は、「円を描く」が原義です。ここから「①(ものを)回す②ひっくり返す③曲がる④変える」という意味が出てきました。回すことで向きが変わる→変化する、ということです。また、turn overは、「ページをめくる」のほかに、「始動する」「商売をする」という意味もあります。例文を挙げてみます。

> ①**He turned the key in the lock.**（彼は鍵を回した）
> ②**We turned a corner.**（私たちは角で曲がった）
> ③**He turned pale.**（彼は青ざめた）
> ④**turn on**（〈明かり、テレビなどを〉つける） ⇔ **turn off**（消す）

また、名詞で「回転、変化、順番」の意味があります。the turn of events（事態の変わり目）、It's my turn.（私の番です）のように使います。また、by turns（かわるがわる）、in turn（交代で）などはよく使われます。

leafは「平べったい葉」を意味します。そこから、同じように「薄い本のページ」や、「金銀などの箔」の意味も持つようになりました。木々が葉を出し始めることをcome into leaf、 be in leafというように表現します。また、日本語にもなっているleaflet（リーフレット、チラシ）は、-letが小さいという意味で、「小さな葉、小さな紙」ということから、この意味で使われています。

southpaw
「左利き投手」

日本でも既に「サウスポー」として定着している単語です。この言葉は、south=南とpaw=哺乳動物の手足、の組み合わせでできていて、野球のゲームから生まれた単語です。野球は、ナイトゲームでない場合、バッターを逆光線から守るために、バッターが東向きに立つように野球場が作られていました。そうすると、西を向いている左利きの投手の左手が南になるので、このような呼び方をされるようになりました。今では、野球選手だけでなく、一般の左利きの人に使われることもあります。左利きのことは、他にleft-handerとも言います。これは直訳できますね。また、略式で「lefty」と言うこともありますが、これは「左翼、左派」の蔑称にもなるので注意しましょう。

また、もう一つ注意しておきたいのは、pawという単語は、通常「(犬や猫のような爪のある哺乳動物の)足や手」を意味し、人間の手はhand、手の平はpalmと言うのが一般的であるということです。俗語としてpawを使うこともありますが、おどけたり、けなしたり、という感覚になるので、普通は人の手にpawは使いません。southpawの場合は、これでひとつの単語として既に普通になっています。pawを使った言葉で、日本語の「真綿で首をしめる」をThat is a case of the velvet paw of the cat.という言い方をするおもしろい例もあります。

ここで、south (sun「太陽のある方」が原義)という単語について調べてみましょう。日本語では方角を、「東西南北」の順番で言いますが、英語では「north, south, east and west」が普通です。そしてthe South、the Eastのように、the+大文字で使うと、「南部地方、東部地方」という意味になります。また、「南の、東の」というように形容詞としてsouthern、easternとも表される「南へ、東へ」という副詞としても使われます。

- **The sun rises in** (×from) **the east.** (太陽は東から昇る)
the Southern English (南部英語)
the Middle East (中東)
the North (北部地方〈アメリカでは首都ワシントン以北の東部の諸州〉)
North Atlantic Treaty Organization (北大西洋条約機構=**NATO**)
the West (西部諸州)
Western (西部劇、カウボーイ物)

Read my lips.
「想像してごらん」

直訳すると、「私の唇を読みなさい」となります。lipという単語は日本語でもリップクリームなどで使われるので、馴染み深いものだと思います。lipという単語は「ぶらりと垂れているもの」が原義で、同じように「ぶらりと垂れている」舌（tongue）も、形容詞ではlingualになり、li-のつく単語です。また、広義には、鼻の下や口の周辺も含み、「口、言葉・おしゃべり」の意味で使われることもあります。

また、「想像してごらん」という意味とは異なりますが、相手の言いたい事を唇の動きから捉えることを「読唇術（lipreading）」と言いますので、覚えやすい言葉ではないでしょうか。

- **My lips are sealed.**
  （私は口止めされている）
- **watch one's lips**
  （おしゃべりに気をつける）
- **That's enough of your lip!**
  （君のおしゃべりはもうたくさんだ）
- **smack one's lips**
  （舌なめずりをする、舌鼓を打つ）
  ※日本では「舌」が使われる言葉ですが、英語では「唇」が使われる
- **lip service**（口先だけの好意）
  ※日本語でも使われる

また、このlipという単語は動詞としても使われます。「①唇をあてる②（水、波などが）ぴちゃぴちゃ音を立てる」という意味になります。

そして、頻繁に使われるread（時制の変化は、つづりは変わらず、発音はri:d-red-redとなります）という動詞ですが、もともとは、「（本や文章を）読む」よりも「読み解く」という意味で使われていたので、「read my lips」のreadも、「読み解く」という原義から、「想像する」という意味に持っていくことができます。

① **I can read his mind.**
（私は彼の心中を理解できます）
② **riddle**
（〈**read**「読み解く」から変化し〉なぞなぞ）
③ **reading**
（読書、解釈）
④ **readings**
（〈集合的に〉読み物）
⑤ **His style is concise and readable.**
（彼の文体は簡潔で読みやすい）

また、最近のコンピュータ社会の中でよく使われる語句もあります。

① **read in**
（データをコンピュータに読み込む）
② **read out**
（データをコンピュータから取り出す）
③ **read-only**
（読み出し専用／ROM〈**read-only memory**〉）
※**CD-RW**などの**RW**は**re-writable**

My dog chewed.
「(宿題を忘れた時などの)言い訳」

chew(時制の変化はchew/chewed/chewed)はchewing gumなどからも分かるように、繰り返し噛むという意味です。なので、この言葉は直訳すれば、「私の犬が(宿題を)噛んだ(食べようとした)」、だから宿題ができなかった、という冗談交じりの言い訳(excuse, pretext)になります。

さすがに日本ではこのような言い訳はしないと思いますが、誰しも、忘れ物をしたときに「なくしてしまった」、遅刻をしたときに、「電車が遅れた」といった類の言い訳はしたことがあると思います。しかし、このMy dog chewed.という軽い言い方は、いかにもアメリカらしく、また日本よりも一軒家で大きな犬を飼っている家の多い国だからこそ、使いやすい言葉なのかもしれません。アメリカ人はよく言い訳をすると言われますが、他によく聞かれる言い訳の言葉として、It wasn't my fault!(私の責任じゃない)、It was an accident.(あれは事故だったんだよ)などがあります。

けれど、もし上手に謝ろうとするなら、I'm really sorry!(本当にごめんなさい)、Can you forgive me?(許してくれますか)といった言葉を使ったほうがいいかもしれません。

付け加えておくと、「噛む」という言葉にはchewとbiteの二種類あります。この違いは、「何度も繰り返し噛む」と「一度強く噛む」になります。chewは、「食物を噛み砕く、咀嚼する」という意味で使い、何度も繰り返す事から、「じっくり考える(consider)」の意味で使うこともあります。biteの場合は、歯で噛む、切る、突き刺す、というようにchewよりも激しい噛み方に使われます。They bit off more than they could chew.(彼らは自分の能力以上のことをやろうとした)という例文からも、bite＞chewの関係がわかります。

また、アメリカにはdogを使った言葉がたくさんあります。いくつか例を挙げてみましょう。

- **A barking dog never bites.** (ほえる犬は噛まない)
- **Love me, love my dog.** (私を愛するなら私の犬も愛して)
  ※この**my dog**には、「私の欠点」という裏の意味があります。日本のことわざで言うなら、「あばたもえくぼ」、反意で「坊主憎けりゃ袈裟まで憎い」という意味

- **Let sleeping dogs lie.**
  (眠っている犬は寝かせておけ→触らぬ神にたたりなし)〈諺〉
- **cat-and-dog life**（犬猿の仲）
  ※この意味の他に、株など投機性が強くて危ないものを意味する場合にも使うことがある

また、日本のことわざの「犬も歩けば棒にあたる」は、英語ではA flying crow always catches something.（飛ぶカラスはいつも何かを捕まえる）になります。親しみをもって可愛がられる犬ですが、時には侮蔑の言葉としても使われます。日本でも同じですね。たとえば、利己主義な人のことをa selfish dogと言ったり、出来の悪いもののことを、dog's breakfast (dinner)と言ったりします。また、dog's life（犬の生活）というと、苦労の多い人生を意味します。同じ題のチャップリンの映画（「A Dog's Life」）があります。

そして最近は「dog year」という言葉がよく使われています。これはマルチメディア化する社会を表した言葉で、犬の年齢の1歳が人間の7歳に相当することから、ITによる高度情報化の速度が急速であることを比喩的に表現したもの（1年間に従来の7年間分の変化が起きているという意味）です。

Shoot yourself.
「勝手にしろ」

Shoot yourself（〜勝手にしろ）という言葉は、日本人にも使ってみやすい言葉ではないでしょうか。例えば、山口百恵の「プレイバックpart2」に出てくる「勝手にしやがれ」というインパクトの強い歌詞。ゴダールの映画にも「勝手にしやがれ」という邦題がつけられていますし、その他の映画作品にも同じ題のものがあります。

shoot yourselfという言葉は、直訳すれば、「あなた自身を投げ出す」、つまりほったらかしておく、から「勝手にしろ」というように使えるということになります。また、もう少し物騒に意味をとると、shoot oneselfで「自分自身を撃つ」、つまり自殺するという意味になります。自殺しろ、と訳すと大げさかもしれませんが、どうにでもなれ、という少々荒っぽい雰囲気も含んでいると言えます。

もともとshootという単語は、「打ち出す」という意味です。目標を狙って、弾や矢などを勢いよく打ち出すときに使います。「①撃つ②発射する③投げ出す」というような意味があり、時制の変化はshoot-shot-shotとなります。また、スポーツでの「シュートする」や映画や写真を「撮影する」という意味、俗語として「①脅す②（麻薬を）静脈注射する」というようなさまざまな使用方法があります。最近では、speakの意味でもよく使われます。shooting the breezeになると、「無駄話をする、ダベる」というくだけた意味になり、Shoot!ときつめに言うと、「ぐずぐずしないで、言いたいことを言え！」という意味になります。全ての意味において、何かしらの目標・目的があり、それに向かって何かを発する、という行為であると言えます。

①**He shot two rabbits.**（彼は2匹のうさぎを射止めた）
②**My gun shoots six bullets.**（私の銃は6発の弾が出る）
③**shoot up**
　（急成長する〈物価や株の上昇などビジネス用語として頻繁に使われる〉）
④**She shot questions at me.**（彼女は私に質問を浴びせた）
⑤**The students spend more time shooting the breeze in classroom than studying.**
（学生は教室で勉強するよりも無駄話に時間を費やしていることが多い）

また、shotという名詞もあります。「①発射、射撃②弾丸③(球技の)シュート」などの意味があります。用法を見てみましょう。

①**the best shot in the army**(軍隊一の射撃名人)
②**She took some shots of us.**(彼女は私たちの写真を何枚か撮った)
③**a moon shot**(月ロケットの打ち上げ)

また、shoot yourselfと同じ意味でsuit yourselfという言葉もあります。

suitは動詞の場合、変化はsuit-suited-suitedで、「追う」が原義です。ここから、何かを追う、揃える、ピッタリする、適するとなりました。現在多く使われる意味は、「①〜に適する②〜に似合う」ですので、suit yourselfを直訳してみると、「自分自身に合わせなさい、適するようにしなさい」となり、shoot yourselfよりはニュアンスとして柔らかくなるかもしれません。

名詞では、日本語でも使う、衣服のスーツ(通例同じ生地の衣服のそろい、男性はcoat(上着)とtrouser(ズボン)、時にvest(ベスト)、女性はcoat(上着)とskirt(スカート)、時にblouse(ブラウス)が加わる)の意味や、法律用語として、「①訴訟②要請」などがあります。これも、原義の「追う」から、追求する→告訴する、と来たと考えられます。

①**Black suits you well.**(黒はあなたによく似合っている)
②**a suit of clothes**(スーツ一着)
③**a civil suit**(民事訴訟)
④**You may bring a suit to recover property.**
(君は所有権を取り戻すために告訴することができる)
⑤**Is this time suitable for you?**(この時間でご都合はよろしいですか)

また、suiteという e のつく名詞になると、ホテルやアパートなどの一続きの部屋、一組の家具など、「ものの一式」の意味を表します。
the executive suite(重役室)、a lounge suite(居間家具一式)というように使われます。

etc.
「いろいろ」

《 怒る 》
1 angry 形 怒った → get angry 怒る
2 rage 名 激怒 → fly into a rage 激怒する
　outrage 名動 憤激(させる) → outrageous 形 荒々しい、すごい
3 fury 名 激怒
　→furious 形 激怒した　fly into a fury 激怒する
　　in a fury　烈火のごとく怒って
　　like fury　猛烈に、一生懸命に
　　例) I studied like fury to pass the exam.
　　(試験に合格するために猛烈に勉強した)
　　※　怒りの度合い　…　angry ＜ rage, fury
4 indignation 名　怒り+義憤
　→indignity 名　軽蔑、不名誉
　　indignant 形　憤慨した (at, over)
5 irritation 名　怒り、焦燥感
　→irritable 形　怒りっぽい、短気な
　　irritating 形　腹立たしい、刺激する
　　irritate 動　いらいらさせる
　　　　↓
　　annoy 動　いらだたせる　→annoying 形　うるさい、迷惑な
　● She never shows up on time. And it's so annoying.
　　(彼女は決して時間通りに現れないので、腹が立つ)
　　upset 形　いらいらした　→　get upset　いらいらする
6 wrath 名　激怒+復讐心　→　The Grapes of Wrath『怒りの葡萄』
7 offend 動　怒らせる
　● I am offended by his behavior. (私は彼の振る舞いに気分を害している)
　　offend the eye (ear)　耳(目)ざわりになる
　　offensive 形　不快な、無礼な

《 見る 》
1 see 動　見える(目に入る)
　→sight 名　見ること、見解、視力
　　at the sight of ~　~を見て

in the sight of ~　〜の判断で
come into sight＝come into view　見えてくる
catch sight of ~　〜を見つける　⇔　lose sight of ~　〜を見失う
far sight　遠視　⇔　short sight　近視
the sights　観光地　→　sightseeing 名　観光

2 look at 動　見る（静止物を見ようとして見る）
3 watch 動　じっと見る（動きのある物を見ようとして見る）
watch out (for) ~　〜に気をつける
・Watch out!　The car is coming.（危ない！ 車がきているよ）
4 stare at 動　（好奇心、驚き、軽蔑をもって）じっと見る、凝視する
5 gaze at 動　（驚き、喜び、興味をもって）見つめる
6 glance 名　ちらりと見ること
give a glance at ~　〜をちらと見る
at a glance, at first glance　一見して
7 view 名　景色、見ること、見解、目的
in the long (short) view　長（短）期的に見れば
a point of view (= viewpoint)　観点、見解
with a view to do　〜するために

《　嫌う　》

1 dislike 動　嫌う、いやがる
2 hate 動　憎む、(口) 遺憾に思う
・I hate to disturb you, but would you help me?
（お邪魔して申し訳ありませんが、お手伝いいただけませんか）
→hatred 名　憎しみ、嫌悪
3 detest 動　ひどく嫌う
4 abhor 動　ぞっとするほど嫌う
5 loathe 動　忌まわしいほど嫌う
※嫌いの度合い　dislike ＜ hate ＜ detest ＜ abhor ＜ loathe

《　好く　》

1 like 動 名　好む、好み
likes and dislikes 好き嫌い
2 prefer 動　むしろ〜の方を好む　…　他と比べていう時に使われる
・I prefer apples to peaches.（桃よりリンゴを好む）
→ preference 名　好み
preferable 形　望ましい、ましな

3 care for 好む … 主に疑問文、否定文で使われる
- Would you care for coffee?　I don't care for coffee. I like tea better.
(コーヒーはいかがですか？　コーヒーは好きではないので、紅茶がいいです)

4 be fond of 　〜を好む

5 adore 動 (口)〜が大好きだ
→adorable 形 (口)魅力的な、かわいらしい

6 love 動 〜が大好きだ
→lovable 形 愛らしい
lovely 形 愛らしい、素晴らしい
※好きの度合い　like, prefer, care for ＜ be fond of ＜ love, adore

《 断る 》
1 decline 動 (丁重な)断り
- He declined the invitation. (彼は丁重に招待を断った)

2 refuse 動 (きっぱりとした)断り
- The horse refused to eat carrots.
(馬はニンジンを食べようとはしなかった)

3 reject 動 (断固とした)断り
※断り方の強さ　decline ＜ refuse ＜ reject

4 turn down 動 口語的表現

5 spurn 動 軽蔑して拒む、鼻であしらう　→ 「軽蔑して相手にしない」といった意味を含む

6 rebuff 動 はねつける　→ 「そっけなく断る」といった意味を含む
- I rebuffed all his offers of help. (私は彼からの援助の申し出を全て断った)

《 驚かす 》
1 surprise 動
2 astonish 動
3 amaze 動
4 startle 動 (突然、飛びあがらせるほど)驚かす
- You startled me!　I didn't know you were here.
(びっくりするなぁ、君がここにいるなんて思わなかったよ)

5 astound 動
※驚きの強さ　surprise ＜ amaze, astonish ＜ startle ＜ astound
※全て「be + 過去分詞 + at 〜」の形を取れる
- The accident surprised everybody. = Everybody was surprised at the accident.

※全て、形容詞は「動詞 + ing」の形を取り、意味は「驚くべき、びっくりさせるような」
→ surprising, astonishing, amazing, startling, astounding

《 起こる 》

1 happen 動　happen to +人
- I am afraid something bad may have happened to her.
（何か悪いことが彼女に起こったのではないかと、心配だ）

2 occur 動　happen に比べてやや固い表現

3 take place 動　予定した行事などが起こる
- The opening ceremony took place as scheduled.
（開会式は予定通り催されました）

4 break out 動　（突発的に戦争、火事などが）起こる
- World War Ⅱ broke out in 1939.（第2次世界大戦は1939年に起こった）

5 arise 動　（問題、疑問などが）持ち上がる、生じる

《 思う・考える 》

1 think 動　一般的な表現
   think over（熟慮する）
   think tank（頭脳集団、シンクタンク）

2 believe 動　いくらか自信がある場合の推量
- He will be back by next Tuesday, I believe.
（たぶん、来週の火曜日までに戻ってくると思う）

3 consider 動　「判断」の意が強く、改まった表現
- I consider what he did was appropriate.
（彼がしたことは適切だったと考える）

4 suppose 動　「推量」の意が強い
- I suppose you are right.（君の言うとおりだろう）

5 guess 動　「推量」の意が強く、suppose より口語的

6 fancy 動　「想像」の意が強い　→　「なんとなく～だと思う」
- I fancied that I heard a noise.（物音を聞いたような気がした）

《 死ぬ・死 》

1 die 動　一般的な表現
  →dead 形
  death 名
  brain death　脳死

261

natural death　自然死
die of ~　～で死ぬ
He died of blood cancer.（彼は白血病で死んだ）
2 pass away（婉曲的表現）逝く
3 be gone（文語的表現）
4 leave this world　他界する
5 be killed　事故、戦争などによる急な死亡の時の表現
- My parents were killed in the war.（両親は戦争で死んだ）

kill　→（病気、痛みを）鎮める
pain killer　→　鎮痛剤
6 kill oneself　自殺する
7 commit suicide　自殺する　→　commit（犯す）+ suicide（自殺）
commit murder　→　人殺しをする

《　愚かな・ばかばかしい　》

1 foolish 形　少し改まった言葉
　→fool 名　make a fool of 人（人をばかにする）
2 silly 形　口語的
3 stupid 形　口語的
4 idiotic 形
　idiot 名
　- She is a perfect idiot.（彼女はどうしようもないばかだ）
5 brainless 形
　※ののしる言葉としての語感の強さ　foolish ＜ silly ＜ stupid ＜idiot
　※brainlessは他に比べるとやや客観的で、語感はそれほど強くない
6 absurd 形（不合理で途方もない）ばかばかしさ
7 ridiculous 形（嘲笑に値するような）ばかばかしさ
　- It's a ridiculous price.（ばかげた値段だ）
8 nonsensical 形　無意味な、ばかげた
　→nonsense 名　ばかげた行為、考え

《　学校　》

保育園＝nursery school
幼稚園＝kindergarten
小学校＝elementary school〈米〉、grade school、primary school〈英〉
中学校＝junior high school、compulsory education（義務教育）
高等学校＝high school、senior high school〈米〉

小・中・高の校長＝principal〈米〉 headmaster〈英〉 head teacher〈英〉
教頭(副校長)＝vice-principal〈米〉
科目：
必修科目＝required subject
選択科目＝elective subject
国語＝Japanese language
古典＝Japanese classics
世界史＝world history
日本史＝Japanese history
地理＝geography
倫理＝ethics
政治経済＝politics and economics
代数＝algebra
数学＝mathematics
幾何＝geometry
微分・積分＝differential and integral、calculus
確率・統計＝probability and statistics
物理＝physics
理科＝natural science
化学＝chemistry
生物＝biology
体育＝physical education（略してPE）

専門学校＝vocational (professional) school
短期大学＝junior college　※アメリカでは「4年制大学の教養課程」の意もあり
大学＝college（単科大学）、university（総合大学）
学部＝college、school、department、faculty〈英〉
文学部＝literature department
経済学部＝department of economics
医学部＝faculty of medicine
教育学部＝department of education
法学部＝faculty of law
理学部＝science faculty
学部生＝undergraduate student
1年生＝freshman　2年生＝sophomore　3年生＝junior　4年生＝senior
学部長＝dean
学位＝degree

学士号＝Bachelor of Arts（文系）、Bachelor of Science（理系）
教員、教授陣＝faculty
教授＝professor
助教授＝associate professor
講師＝lecturer、instructor
専攻＝major（名 動）
- I major in history.（私は歴史を専攻している）

卒業論文＝graduation thesis、research paper
大学院＝postgraduate school、graduate school
　接頭語[post]→「〜の後に」の意。「卒業の後の」の意から「大学院」
　postwar 戦後の　⇔　prewar 戦前の
　postscript 追伸〈P.S.〉
大学院生＝graduate student
修士課程＝文系…M.A. course（M.A. は Master of Artsの略）
　　　　＝理系…M.S. course（M.S. は Master of Scienceの略）
修士論文＝master's thesis
博士課程＝Doctor course/Ph.D. program
博士論文＝doctoral dissertation
口頭試問＝oral defense

《 ex + ○○ 》
1 外に、外へ
　exclude 動　除外する　⇔　include 動　含む
　exhale 動　（息、言葉などを）吐き出す　⇔　inhale 動　吸い込む
　exit 名動　出口、退場する　⇔　entrance 名　enter 動
　exile 動　追放する
　expel 動　放出（排出）する
　extract 動　抜き取る
　external 形　外の　⇔　internal 形
　exception 名　除外、例外
　without exception　例外なく
　exotic 形　外国の、異国情緒の
2 〜から、〜から離れて
　expropriate 動　人から所有権を取り上げる
　expatriate 動形　国籍を離脱する、国外在住の
3 以前の、前…（通常ハイフンを伴う）
　ex-president　前大統領

ex-wife　前の妻
ex-boyfriend　元カレ
ex-girlfriend　元カノ

《 **trans** + ○○ 》

1 越えて、横切って
transceiver 名　トランシーバー　【transmitter + receiver】
transmit 動　送る
transport 動　運ぶ、輸送する
→transportation 名 輸送、交通機関
transporter 名　運送者
transcontinental 形　大陸横断の
transnational 形　国境（民族、一国の利害）を越えた
transoceanic 形　海の向こうからの、大洋横断の
transpacific 形　太平洋の向こうの、太平洋横断の

2 貫いて
transparent 形　透明な
transpierce 動　貫く

3 別の状態、場所へ
transcribe 動
→書き写す　transcript 名　写し
transfer 動　乗り換える、転校（転科）する
transform 動　変形させる
→transformation 名　変形
transfuse 動　輸血する
→transfusion 名　輸血
translate 動　翻訳する
→translation 名　翻訳
→translator 名　翻訳家
transplant 動　移植する
→transplantation 名　移植
transit 名 動　通過（する）　※transit visa　通過査証
transition 名　移行、変化
→transitive 形　過渡的な
transitory 形　一時的な、移ろいやすい

《 ○○ + **proof** 》
[proof] = 「〜を通さない、耐〜、防〜」の意の形容詞連結語

防水の → water + proof → waterproof
防火の → fire + proof → fireproof
防音の → sound + proof → soundproof
防弾の → bullet + proof → bulletproof
雨を通さない → rain + proof → rainproof
風を通さない → wind + proof → windproof
耐震性の → earthquake + proof → earthquake-proof
さびない → rust + proof → rustproof
間違えようのない、きわめて簡単な → fool + proof → foolproof
子供がいたずらできない → child + proof → childproof

《 ○○ + **er, or**、○○ + **ee** 》
[er], [or] = 行為する者、あるいは物を表す名詞語尾
[ee] = 行為の働きを受ける者を表す名詞語尾

advise 動 助言する
　→adviser, advisor 名　忠告者
　　advisee 名　助言を受ける人
employ 動　雇う
　→employer 名　雇い主
　　employee 名　雇われる人、従業員
examine 動　検査する
　→examiner 名　検査官
　　examinee 名　検査を受ける人
train 動　訓練する
　→trainer 名　訓練者、コーチ
　　trainee 名　訓練を受ける人
pay 動　支払う
　→payer 名　支払人
　　payee 名　受取人、支払先
lease 動　賃貸（賃借）する
　→lessor 名　賃貸人
　　lessee 名　賃借人
elevate 動　持ち上げる

→elevator 名　エレベーター
escalate 動　上昇する
　→escalator 名　エスカレーター

《　○○ + ess　》
[ess] = 女性名詞語尾

actor 名　俳優、男優　　　actress 名　女優
host 名　主人、ホスト　　hostess 名　女主人、ホステス
steward 名　スチュワード　stewardess 名　スチュワーデス
waiter 名　ウェーター　　waitress 名　ウェートレス

《　**和製英語**　》
〈　複合語　〉
パソコン　→　personal computer　　リモコン　→　remote control
ゼネスト　→　general strike　　　　パトカー　→　patrol car
ハンスト　→　hunger strike　　　　 プロレス　→　professional wrestling
ラジカセ　→　radio cassette recorder　ワープロ　→　word processor
エアコン　→　air conditioner

〈　切株語　〉
アパート　→　apartment
　※mansionは「大邸宅」。日本語の「マンション」はcondominium
デパート　→　department store　　アルバイト、パート　→　part-time job
インフレ　→　inflation　　　　　　デフレ　→　deflation
コンペ　　→　competition　　　　　テロ　　→　terrorism
リストラ　→　restructuring　　　　 スト　　→　strike
インフラ　→　infrastructure　　　　コネ　　→　connections
リハビリ　→　rehabilitation　　　　バーテン　→　bartender
ハンカチ　→　handkerchief

〈　車関連　〉
アクセル　　→　accelerator　　　　スリップ　→　skid
バックミラー　→　rearview mirror　サイドミラー　→　side-view mirror
ハンドル　　→　steering wheel　　　パワステ　→　power steering
ウインカー　→　turn signal　　　　 ナビ　　→　navigator
エンスト　　→　stalled engine, car breakdown

- My car's engine stalled.（車がエンストした）

クラクション → horn
　※クラクションを鳴らす → blow a horn
パンク → flat tire〈米〉、puncture〈英〉
　※punk は「やくざ、パンク・ロック」のこと
- One of the tires suddenly went flat.（タイヤの一つが突然パンクした）
- I got a flat tire on the way home.（帰り道、タイヤがパンクした）

サイドブレーキ → parking brake〈米〉 hand brake〈英〉
フロントガラス → windshield〈米〉 windscreen〈英〉
シフトレバー → gearshift lever〈米〉 gear lever〈英〉
ガソリンスタンド → gas station〈米〉 petrol station〈英〉
トラック → truck〈米〉 lorry〈英〉
ダンプカー → dump truck〈米〉 tipper lorry[truck]〈英〉
タンクローリー → tank truck〈米〉 tanker lorry〈英〉
オートバイ → motorcycle, motorbike
　bike（bicycle の略）→ 自転車

〈 野球関連 〉

シートノック → fielding practice（守備練習）
キャッチボール → play catch
ビーンボール → bean ball
ナイター → night game
デッドボール → a batter hit by a pitch
　※dead ball は「プレー外の球」
フォアボール → walk, base on balls
　※四球で1塁に出る → get a base on balls
バックネット → backstop
バックスクリーン → centerfield screen
スタンドプレー → grandstand play
スタンドプレーをする → make a grandstand
フルベース（満塁）→ bases loaded, bases full
ゴロ → ground ball, grounder
　hit a ground ball（ゴロを打つ）
サイン → signal
　give a signal to a batter（打者にサインを送る）
　※選手や有名人にしてもらうサインはautograph
　　契約書や小切手にするサインはsignature

アンダースロー　→　underhand pitch
オーバースロー　→　overhand pitch
　※overthrowは「暴投する、政府などを転覆させる」
サイドスロー　→　sidearm pitch
エンドラン　→　hit and run
　※hit and runには「ひき逃げ、当て逃げ」の意もある
サヨナラヒット　→　game-winning hit
ウイニングラン　→　victory run
サヨナラホームラン　→　winning home run, game-ending home run
ランニングホームラン　→　inside-the-park home run
満塁ホームラン → grand slam
ゲッツー　→　double play
　make a double play（ゲッツーにする）
エンタイトルドツーベース　→　ground-rule double（「野球規則による2塁打」の意）
トップバッター　→　lead-off batter
　※top batter　→　「最高の打者、優秀打者」の意
クリーンアップ　→　cleanup
　※ただし、「4番打者」だけを意味する。3番、4番、5番打者を「クリーンアップトリオ」というのは日本式
シーズンオフ　→　off-season ⇔ peak season
ゲームセット　→　the game is over, That's the game
オープン戦　→　exhibition game, pre-season game
　※open game　→　プロ、アマの両方が参加できるゲーム
　　opening game　→　シーズン最初の試合

〈　食べ物関連　〉

レモンティー　→　tea with lemon　　　ミルクティー　→　tea with milk
ビフテキ　→　beefsteak　　　　　　　ハムサンド　→　ham sandwich
ハムエッグ　→　ham and eggs　　　　カレーライス　→　curry and rice
バター付きパン　→　bread and butter　マッシュポテト　→　mashed potatoes
スモークサーモン　→　smoked salmon　プリン　→　pudding
ミキサー　→　juicer, blender
　※mixerは「コンクリートなどの混合機、料理用の泡立て器」
バイキング　→　buffet, smorgasbord
ジュース　→　100％生野菜、果物絞り汁の場合は juice,　合成された物はsoft drink

〈 その他いろいろ 〉
セロテープ → tape
ホッチキス → stapler
ペーパーナイフ → letter opener
ゼムクリップ → paper clip
ボールペン → ball-point pen
シャープペンシル → mechanical pencil〈米〉 propelling pencil〈英〉
ポケベル → beeper　　　　　　コピー → photocopy
コインロッカー → locker　　　ポルノ → pornography
パンティーストッキング → panty hose
　※「伝線」はrun
　・You've got a run in your panty hose.
　（パンストが伝線していますよ）
キーホルダー → key ring
ゲームソフト → game software
エンゲージリング → engagement ring
テレビゲーム → video game
ゲームセンター → arcade, amusement arcade, video arcade
ワイシャツ → shirt
　※white shirt がなまってワイシャツになった。下着のシャツはundershirt
レントゲン写真 → X-ray photo
　※レントゲンはドイツの物理学者でX線を発見した人

フリーダイヤル → toll-free number
字幕スーパー → subtitles
テーブルスピーチ → after-dinner speech
ゴールデンアワー → prime time
ベースアップ → pay increase, pay raise, wage raise
サラリーマン → salaried worker, company employee
　※通常は My husband is a company employee. と言うよりはMy husband
　　works for P & G.などと具体的に言うことが多い
OL → office worker
リサイクルショップ → secondhand shop
オーダーメイド → made-to-order, custom-made
プレイガイド → ticket agency
クラシック → classical music
ガードマン → guard

ハイティーン → late teens ⇔ early teens
マスコミ → mass media
ハードスケジュール → tight schedule
シルバーシート → priority seating
シルバーボランティア → senior volunteer
フリーター → job-hopping part-timer
ペーパーテスト → written test
プリント → handout
プラスアルファ → plus something extra
フロント → front desk
アンケート → questionnaire

〈 英語と日本語の意味が違うもの 〉
トレーナー → sweat shirt
　※trainerはスポーツ選手などを訓練する人
サンドバッグ → punching bag
　※sandbag は「(護岸用などの砂を入れた)袋」
カンニング → cheating　※cunning は「ずる賢い」の意
トランプ → cards　※trump は「切り札」の意
モーニングサービス → breakfast special　※morning serviceは「朝の礼拝」
サイダー → soda pop　※cider は「りんご酒、りんごジュース」
レポート → (term) paper
　※report はnews report や weather report などの事実報告のこと
ベテラン → expert, experienced
　※veteranは「老練家」の意があるが、通常 a veteran of World War Ⅱ
　　(第二次大戦の退役軍人)のように「退役軍人」の意で用いられる
ソーラーシステム → solar heating
　※the solar systemは「太陽系」
サマータイム → daylight saving time
　※summer timeはただ「夏の時期」の意
ヒアリングテスト → listening comprehension test
　※hearing testは「聴力検査」
スマート → slim
　※smartは「賢い、洗練された」
フレッシュマン → new employee
　※freshmanは「大学、高校の1年生」
ストーブ → heater

※stoveは料理用のレンジのこと
コンセント　→　outlet, socket
　※consentは「同意する」。「コンセントにつなぐ」はplug in、「コンセントから抜く」はunplug
マンネリ　→　become stereotyped　マンネリ化する
　※マンネリはmannerism「文学、芸術の表現手段が型にはまっていること」から取った和製語
ナイーブ　→　sensitive

〈　動詞　〉
ノータッチ　→　「それに関与していない」 I am not involved in it.
　　　　　　　　　　　　　　　　　　　　I do not have a hand in it.
ノーカウント　→　That does not count.
ノーコメント　→　No comment.
ノーカット（映画など）　→　an uncut film

●痛み
1 pain（痛み）
2 ache（痛み、痛む、うずく）
・My legs ache.（私の脚が痛む）
3 hurt（痛む）

●傷つける、傷、ケガ
1 injury（事故などのケガ）
2 wound（武器などのケガ）
3 hurt（事故などのケガ）
・He was seriously injured in the accident.
　（彼は事故で大ケガをした）
・He was wounded in the fight.
　（彼はけんかでケガをした）
・Did you hurt yourself?
　（ケガはありませんでしたか）
4 cut（切り傷）
5 scrape（擦り傷）
6 bruise（打撲傷）

●血液
1 blood（血液）
2 bleed（出血する）
3 bleeding（出血）
4 blood type（血液型）
5 blood pressure（血圧）
6 high blood pressure（高血圧）
7 low blood pressure（低血圧）
- What is your blood type?
  （血液型は何型ですか）
- My blood type is A.
  （A型です）
- The cut is bleeding.
  （傷口から出血している）
- He has high blood pressure.
  （彼は高血圧だ）

●商売
1 merchandise（商人）
2 commodities（日用品）
3 article（物品）
4 item（アイテム）
5 goods（商品）
6 line（在庫品、仕入れ）

●郵便関係の略記号
1 Apt. = apartment house（アパート）
2 Ave. = Avenue（街路）
3 Bldg. = Building（建物）
4 Blo. = Block（棟）
5 Blvd. = Boulevard（大通り）
6 cf. = confer（参照せよ）
7 Co. = Company（会社）
8 c/o = care of（気付）
9 Dept. = Department（部〈門〉、課）
10 Dr. = Drive（〜道）
11 Dr. = Doctor（医者、博士）

12 e.g. = exempli gratia（例えば）
13 Encl. = Enclosure (s)（同封物）
14 etc. = et cetera（〜など（名詞の後につける））
15 F = floor（階）
16 i.e. = id est（すなわち）
17 Inc. = Incorporated（株式会社〈米〉）
18 Ltd. = Limited（株式会社〈英〉）
19 Mt. = Mount（山）
20 N.E.= North East（北東）
　 N.W.= North West（北西）
21 Prof. = Professor（教授）
22 P.S. = postscript（追伸）
23 S.E. = South East（南東）
24 Sig. = Signature（サイン）
25 Sq.= Square（広場（四角））
26 St. = Street（通り）
27 S.W. = South West（南西）
28 Vil. = Village（村）
29 AIRMAIL, PAR AVION（航空便）
30 SEA MAIL（船便）
31 Express（米）, Special Delivery（英）（速達）
32 Urgent（至急）

- I am studying at law department.
  （私は法学部で勉強しています）
- The church is located on Park Avenue.
  （その教会は公園通りにあります）

●税金
1 tax（一般的な税金）
2 tax payer（納税者）
3 pay a tax（納税する）
4 tax evasion（脱税）
　※evasion（回避）
5 file a tax（申告する）
6 tax increase（増税）
7 tax cut（減税）

8 tax-free（無税の）
9 tax-exempt（免税の）
　※exempt（免除する）
10 before tax = plus tax（〈給料など〉税込みで）
11 after tax（〈給料など〉税引きで）
12 tariff（関税）
13 duty（物品にかかる税）
14 consumption tax（消費税）
15 direct tax（直接税）
16 indirect tax（間接税）
17 income tax（所得税）※income（所得、収入）
18 sales tax（物品税）
19 business tax（営業税）
20 property tax（固定資産税）
　※property（財産）
21 withholding tax ＝tax deducted at source（源泉徴収税）
22 corporation tax（法人税）
23 inheritance tax（相続税）
　※inheritance（相続）
24 value-added tax〈VAT〉（付加価値税）
25 graduated income tax（累進所得税）

- How much income tax do you pay?
  （どのくらい所得税を払っていますか）
- We stopped by the duty-free shop.
  （免税店に立ち寄った）
- Increased consumption tax makes me nervous.
  （消費税の増加は嫌だ）

●看板
1 Caution, Warning（注意）
2 Danger（危険）
3 Emergency exit（非常口）
　※emergency（緊急）
4 Entrance（入口）
5 Exit（出口）
6 Hands off（手をふれるべからず）

7 Information（案内所）
8 Keep off（近寄るべからず）
9 No fishing here（魚釣り禁止）
10 No smoking（禁煙）
11 Not for sale（非売品）
12 Off limits, No trespassing（立ち入り禁止）
13 One way（一方通行）
14 Speed limit 〜km（制限速度 〜km）
15 Toll gate（料金所）
16 Keep right（右側通行）
17 No parking（駐車禁止）
　No left turn（左折禁止）
　No bicycles（自転車通行止め）
　No truck（トラック通行止め）
18 No passing, No overtaking（追い越し禁止）
19 Do not enter（進入禁止）
20 Out of order（故障中）
21 Parking lot（駐車場）※lot（場所）
22 Rest room（手洗所）
23 Reserved（予約済み）
24 Shoes off（土足厳禁）※off（離れる）
25 Occupied（使用中）
　※occupy（占領する）
26 Trash（くず入れ）
27 Under construction（工事中）
28 Watch your step（足元に注意）
29 Wet [Fresh] paint（ペンキ塗りたて）
　※wet（濡れた）
30 For rent, To let（貸し家〈室〉）
31 Good for drinking（飲料水）
32 Open to the public（飛び入り自由、一般に開放）
33 Welcome to beginners（初心者歓迎）
　※beginは「始める」、beginnerは「初心者」
34 Do not disturb（入室ご遠慮を）
　※disturb（妨害する）
35 Beware of pickpockets（スリにご用心）
36 Beware of fire（火の用心）

37 No littering（紙くずを散らかすな）
38 No U-turns（Uターン禁止）
39 Merge（合流点あり）
40 Winding road（曲がりくねったカーブあり）
41 Cattle crossing = Cattle xing（牛の横断注意）
42 Slippery when wet（雨天のときスリップ注意）
43 Animal crossing（動物横断注意）
44 Caution speed bumps（速度を落とせ、でこぼこあり）
45 Give way = Yield（道を譲れ）
46 No horn = Save horn（警笛禁止）
47 Sound horn（警笛鳴らせ）
48 Closed to all vehicles = No thoroughfare for vehicles（車両通行止め）
49 Closed to traffic（通行止め）

英語になった日本語

津波	tsunami
柔道	judo
空手	karate = judo chop
剣道	kendo = Japanese fencing
二世、三世	nisei, sansei
碁	go ※placing stone 「碁石」 　first grade 「初段」
将棋	shogi
麻雀	mah-jong
寿司	sushi
刺身	sashimi（raw fish）
酒	sake（サキ）
天ぷら	tempura
すき焼き	sukiyaki
将軍	shogun（ショウガン）
大君	tycoon（タイクーン）
腹切り	harakiri
着物	kimono = Japanese traditional clothing
さようなら	sayonara
万歳	banzai
財閥	zaibatsu
相撲	sumo wrestling
味噌汁	miso soup

結婚式

結婚	marriage
恋愛結婚	love marriage
見合い結婚	arranged marriage
結婚式	wedding ceremony
披露宴	wedding banquet
神式	Shinto rite
仲人	go-between
新婚旅行	honeymoon
離婚	divorce

国民の祝日

元日（1月1日）	New Year's Day
成人の日（1月第2月曜日）	Coming-of-Age Day
建国記念の日（2月11日）	National Foundation Day 創立
春分の日	Vernal Equinox Day
みどりの日（4月29日）	Greenery Day
憲法記念日（5月3日）	Constitution Day
子どもの日（5月5日）	Children's Day
海の日（7月第3月曜日）	Marine Day
敬老の日（9月第3月曜日）	Respect-for-the-Aged Day 老人
秋分の日	Autumnal Equinox Day
体育の日（10月第2月曜日）	Sports Day
文化の日（11月3日）	Culture Day
勤労感謝の日（11月23日）	Labor Thanksgiving Day ※ labor「労働」、labor union「労働組合」
天皇誕生日（12月23日）	Emperor's Birthday

appendix

役職などの種類

その他
- 特許部 Patent Department
- 企画部 Planning Department
- 調査部 Research Department
- 保安部 Security Department

研究所 Research and Development Laboratories

技術部門
- 生産管理部 Product Control Department
- 製造部 Manufacturing Department
- 技術部 Engineering Department
- 資材部 Material Department

取締役会 Board of Directors

営業部門
- 営業管理部 Sales Administration Department
- 販売促進部 Sales Promotion Department
- 営業部 Sales Department
- 海外営業部 Overseas Sales Department

秘書室 Secretariat Office

事業部 Project Development Department

管理部門
- 財務部 Finance Department
- 人事部 Personnel Department
- 経理部 Accounting Department
- 総務部 General Affairs Department
- 厚生部 Welfare Department

職業

policeman	警官、巡査
police officer	警察官
accountant	会計士
scientist	科学者
engineer	エンジニア
chef	シェフ
lawyer = attorney-at-law	弁護士
dentist	歯医者
hairdresser	美容師
mechanic	修理工
architect	建築家
priest = missionary = clergyman	(キリスト教の)聖職者
librarian	司書
vet	獣医
farmer	農場主
builder=constructor	建築業者
fire fighter	消防士
designer	設計者、デザイナー
plumber	配管工
carpenter	大工
civil servant	公務員
shop owner	商店主
author	作家
writer	作家、雑誌などに記事を書く人
editor	編集者
doctor	医師
nurse	看護師
banker	銀行家、銀行経営者
bank officer	銀行幹部
bank clerk	銀行事務員
professor	教授
scholar	学者
landowner	地主
housewife	主婦

appendix

日本史

350	YAMATO State (350〜7th cent.)	大和朝廷統一権力
593	Prince Shotoku becomes regent.	聖徳太子、摂政となる
604	Seventeen Article Constitution is promulgated.	十七条憲法制定
607	Onono Imoko is sent as envoy to the Sui dynasty. The Horyuji Temple is built.	遣隋使小野妹子の派遣 法隆寺建立
630	The 1st envoy to the Tang dynasty	第1回遣唐使の派遣
645	The Taika reform by Prince Naka-no-Oe.	中大兄皇子、大化の改新
701	Taiho law code is compiled.	大宝律令
708	The 1st copper coins are minted.	和同開珎鋳造
710〜794	*NARA Period*	奈良時代
710	The capital Heijo-kyo is founded.	平城京遷都
794〜1185	*HEIAN Period*	平安時代
794	The capital is moved to Heian-kyo.	平安京遷都
1016	Fujiwara no Michinaga becomes regent.	藤原道長、摂政となる
1167	Taira no Kiyomori is made grand minister of state.	平清盛、太政大臣となる
1180	Gempei War begins.	源平の乱
1185〜1333	*KAMAKURA Period*	鎌倉時代
1192	Minamotono Yoritomo establishes the Shogunate (Bakufu) in Kamakura.	源頼朝、鎌倉幕府を開く
1203	Hojo Tokimasa becomes shogunal regent.	北条時政、執権になる
1274-81	Mongol invations attempts against Japan.	元寇

1333	Kamakura shogunate collapses.	鎌倉幕府滅亡
1334	Kemmu Restoration	建武新政
1336〜1573	*MUROMACHI Period*	室町時代
1336	Ashikaga Takauji establishes the Shogunate in Kyoto.	足利尊氏、室町幕府を開く
1338	Ashikaga Takauji becomes Seiitaishogun.	足利尊氏、征夷大将軍になる
1392	Northern and Southern Courts are reconciled.	南北朝統一
1467	Onin War (1467〜77) begins.	応仁の乱
1543	Matchlock muskets are introduced to Japan by the Portuguese on Tanegashima.	ポルトガル人、種子島に鉄砲を伝える
1549	St.Francis Xavier establishes Japan's first Christian mission at Kagoshima.	ザビエル、鹿児島にキリスト教を伝える
1573	Muromachi shogunate collapses.	室町幕府滅亡
1568〜1600	*AZUCHI-MOMOYAMA Period*	安土桃山時代
1582	Oda Nobunaga is assassinated at the Honnoji Temple in Kyoto.	織田信長、京都本能寺で殺される
1586	Toyotomi Hideyoshi is appointed as Grand Minister.	豊臣秀吉、太政大臣となる
1590	Toyotomi Hideyoshi unifies Japan.	豊臣秀吉、全国統一
1600	Battle of Sekigahara	関ヶ原の戦い
1603〜1867	*EDO Period*	江戸時代
1603	Tokugawa Ieyasu establishes the Shogunate in Edo.	徳川家康、江戸幕府を開く
1702	Chushingura vengeance incident	忠臣蔵事件
1837	Rebellion of Oshio Heihachiro	大塩平八郎の乱

1853	U.S. Commodore Perry arrives at Uraga.	ペリー、浦賀に来航
1854	The peace and amity treaty between Japan and the U.S.A. is signed.	日米和親条約
1858	The amity and commercial treaty is concluded between Japan and the U.S.A.	日米修好通商条約締結
1868〜1912	*MEIJI Period*	明治時代
1868	Restoration of Imperial Rule, Meiji Restoration	王政復古、明治維新
1876	The amity treaty with Korea	日朝修好条規締結
1889	Constitution of the Empire of Japan is promulgated.	大日本帝国憲法発布
1894	Sino-Japanese War begins.	日清戦争始まる
1895	Tripartite Intervention	三国干渉
1902	Anglo-Japanese Alliance is signed.	日英同盟締結
1904	Russo-Japanese War begins.	日露戦争始まる
1910	Annexation of Korea	韓国併合
1912〜1926	*TAISHO Period*	大正時代
1914	Japan enters World War Ⅰ on the side of Great Britain and its allies.	第一次世界大戦にイギリスの連合国側で参戦
1915	The Twenty-one Demands are presented to China.	対華21ケ条の要求
1923	Great Tokyo Earthquake	関東大震災
1925	Universal Manhood Suffrage Law passed.	普通選挙法成立
1926〜1989	*SHOWA Period*	昭和時代
1931	Manchurian Incident	満州事変

1933	Japan withdraws from the League of Nations.	国際連盟脱退
1940	Tripartite Pact is signed by Japan, Germany, and Italy.	日独伊三国同盟調印
1941	Japanese attack on Pearl Harbor leads to the Pacific War.	真珠湾攻撃から太平洋戦争へ
1945	Atomic bombs are dropped on Hiroshima and Nagasaki.	広島、長崎に原子爆弾投下
	Japan surrenders, unconditionally accepting the Potsdam Terms.	ポツダム宣言を受諾、日本の無条件降伏
1946	The Constitution of Japan is promulgated.	日本国憲法公布
1951	San Francisco Peace Treaty and Japan-U.S. Security Pact are signed.	サンフランシスコ平和条約、日米安全保障条約締結
1956	Restoration of diplomatic relation with the Soviet Union	日ソ国交回復
1964	The Olympic Games are held in Tokyo.	東京オリンピック開催
1970	EXPO '70 opens in Osaka.	大阪万国博覧会開催
1973	Oil crisis	石油危機
1976	Lockheed Scandal	ロッキード事件
1988	Recruit Scandal	リクルート事件
1989〜	*HEISEI Period*	平成時代
1990	The bubble economy collapses.	バブル経済崩壊
1994	Oe Kenzaburo is awarded the Nobel Prize in literature.	大江健三郎、ノーベル文学賞受賞

発音に注意したいカタカナ語

セーター	sweater	[スウェター] ※sweatは「汗」
エチケット	etiquette	[エティケット] ※ticketに近い発音
ドル	dollar	[ダラー]
アンテナ	antenna	[アンテナ]
レジャー	leisure	[リージャー] ※「暇」という意味もある
エネルギー	energy	[エナジー]
マラソン	marathon	[マラソン]
マスコミ	mass communication	[マス　コミュニケイション] ※massは「大きなかたまり」
パジャマ	pajamas	[パジャマズ]
カプセル	capsule	[キャプシュール]
タクシー	taxi	[タクスィ]
ヘリコプター	helicopter	[ヘリコプター]
リズム	rhythm	[リズゥム]
レストラン	restaurant	[レストゥラント]
カーテン	curtain	[カートゥン]
デザイン	design	[ディザイン] ※「設計、設計する」という意味もある
カレンダー	calendar	[キャリンダー]
オーケストラ	orchestra	[オーキストラ]
ジャーナリスト	journalist	[ジャーナリスト]
スリラー	thriller	[スリラー]
コマーシャル	commercial	[コマーシャル] ※commerce「商業」
トンネル	tunnel	[タネル]
バケツ	bucket	[バキット]
スタジオ	studio	[ストゥーディオウ]
エスカレーター	escalator	[エスカレイター]
エレベーター	elevator	[エリヴェイター]

ペンギン	penguin	[ペングウィン]
ユーモア	humor	[ヒューマー]
モダンな	modern	[モダン] ※「近代の」が正確な訳
タバコ	tobacco	[タバコウ] ※= cigarette
ウイルス	virus	[ヴァイラス]
シリーズ	series	[スィアリーズ]
バロメーター	barometer	[バラミター] ※roにアクセント
アマチュア	amateur	[アマテュア]
ココア	cocoa	[コウコウ]
クーポン	coupon	[クーパン]
ドーナツ	doughnut	[ドウナット]
ダイナミック	dynamic	[ダイナミック]
ダイナマイト	dynamite	[ダイナマイト]
エンジニア	engineer	[エンジニア] ※eeにアクセント
エキゾチックな	exotic	[エグザティック]
グローブ	glove	[グラヴ] ※globe「地球」はグロウブと発音
イデオロギー	ideology	[アイディオロジー]
インターバル	interval	[インタヴァル]
イエス	Jesus	[ジィーザス]
ミサイル	missile	[ミッスル]
モザイク	mosaic	[モウゼイク]
オアシス	oasis	[オウエイスィス] ※複数形はoases
ラベル	label	[レイブル]
スクープ	scoop	[スクープ]
スケジュール	schedule	[スケジュール]
カタログ	catalog (ue)	[キャタローグ]
ボキャブラリー	vocabulary	[ヴォウキャビュレリー]
タオル	towel	[タウアル]
ガソリン	gasoline	[ギャソリーン] ※短縮してgasとも言う

appendix

フライパン	frying pan	[フライイング パン] ※fry「揚げる」
パンフレット	pamphlet	[パンフリット]
テレビ	television	[テリヴィジョン]
キャベツ	cabbage	[キャビィッジ]
ウイスキー	whisky	[ウィスキー]
シャツ	shirt	[シャート]
クッション	cushion	[クション]
スクリーン	screen	[スクリーン]
プログラム	program	[プロウグラム]
サーカス	circus	[サーカス]
プラスチック	plastic	[プラスティック]
ヒーロー	hero	[ヒアロウ] ※ヒロインは heroine [ヘロウイン]
コンサート	concert	[カンサート]
リサイタル	recital	[リサイトゥル]
ギター	guitar	[ギター] ※ar にアクセント
フルート	flute	[フルート]
ラジオ	radio	[レイディオウ]
ビデオ	video	[ヴィディオウ]
カセットテープ	cassette	[カセット]
ダイアル	dial	[ダイアル]
チャンネル	channel	[チャネル] ※「海峡」という意味もある
スイッチ	switch	[スウィッチ]
モニター	monitor	[マニター]
ビフテキ	beefsteak	[ビーフステイク] ※stake は「杭」
ビタミン	vitamin	[ヴァイタミン] ※ヴィタミンとも発音する
アルコール	alcohol	[アルコホール]
コーヒー	coffee	[カフィー]
ヨーグルト	yogurt	[ヨウガート]
バター	butter	[バター]

マーガリン	margarine	[マージャリン]
デザート	dessert	[ディザート] ※desert は「見捨てる、砂漠」
サラダ	salad	[サラド]
シチュー	stew	[ステュー]
カロリー	calorie	[カラリー]
サンドイッチ	sandwich	[サンドウィッチ]
ハンバーガー	hamburger	[ヘンバーガー]
ポーク(豚肉)	pork	[ポーク]
マトン(羊の肉)	mutton	[マトゥン]
チキン	chicken	[チキン]
ヌードル	noodle	[ヌードゥル]
スパゲッティ	spaghetti	[スパゲティ]
グラタン	gratin	[グラトゥン]
ピザ	pizza	[ピッツァ]
フルーツ	fruit	[フルート]
メロン	melon	[メラン]
トマト	tomato	[トメイトウ]
ポテト	potato	[ポテイトウ]
レタス	lettuce	[レティス]
セロリ	celery	[セラリー]
ナイフ	knife	[ナイフ]
フォーク	fork	[フォーク] ※フォークボールは指2本をフォークのようにしてはさむ
スプーン	spoon	[スプーン]
ジャム	jam	[ジャム]
プリン	pudding	[プディング]
ピーナツ	peanut	[ピーナット]
シガレット	cigarette	[スィガレット]
キャンペーン	campaign	[キャンペイン]
カーペット	carpet	[カーピット]

appendix

パターン	pattern	[パターン]
アイロン	iron	[アイアン] ※ゴルフのアイアンと同じ
オーブン	oven	[アヴン]
ストーブ	heater	[ヒーター]
プライバシー	privacy	[プライヴァスィ]
プロポーズ	propose	[プロポウズ]
ソーセージ	sausage	[ソースィッジ]
ストッキング	stocking	[ストッキング]
シンボル	symbol	[スィンボル]
タレント	talent	[タレント]
テクニック	technique	[テクニーク]
ティーン・エイジャー	teenager	[ティーンネイジャー]
タイトル	title	[タイトル]
マガジン	magazine	[マガズィーン]
ギャラリー	gallery	[ギャレリー]
テンポ	tempo	[テンポウ]
ブラックリスト	blacklist	[ブラックリスト]
コンテナ	container	[コンテイナー] ※contain「含む」
トラック	truck	[トゥラック]
ボリューム	volume	[ヴォリューム] ※「量・ボリューム、体積」などの意味
ウエスト	waist	[ウェイスト] ※waste「浪費する」
ウエート	weight	[ウェイト] ※weights and measures「度量衡」
レスラー	wrestler	[レスラー]
リスト	wrist	[リストゥ] ※listは「名簿」、wristは「手首」
ヨット	yacht	[ヤット]
ゼロ	zero	[ズィアロウ]
オーソリティ	authority	[オーソリティー]
ビスケット	biscuit	[ビスキット]

ノンフィクション	nonfiction	[ナンフィクション]
エッセイ	essay	[エセイ]
ジャズ	jazz	[ジャァズ]
クイズ	quiz	[クウィズ] ※「小テスト」の意味もある
オンス	ounce	[アウンス]
ギャップ	gap	[ギァアップ]
ジョーク	joke	[ジョウク]
ハンディキャップ	handicap	[ヘンディキャップ]
スープ	soup	[スープ]
チーズ	cheese	[チーズ]
ビール	beer	[ビァー]
コメディアン	comedian	[コミーディアン]
ホース	hose	[ホウズ]
ライバル	rival	[ライヴァル]
ボーナス	bonus	[ボウナス]
パンタロン	pantaloons	[パントゥルーンズ] ※ooにアクセント
コミック	comic	[カミック]
ボタン	button	[バトゥン]
サロン	saloon	[サルーン]
ブーツ	boots	[ブーツ]
デジタル	digital	[ディジタル]
アナログ	analogue	[アナローグ]
ボス	boss	[ボス] ※「上司」という意味
コントロール	control	[コントロウル]
エゴイスト	egoist	[エゴウイスト]
ゴール	goal	[ゴウル]
ハネムーン	honeymoon	[ハニムーン]
パズル	puzzle	[パズル]
プロフィール	profile	[プロウファイル]
アルバム	album	[アルバム]

appendix

各国の通貨単位

国　名	通貨単位
アメリカ合衆国（the United States of America）	ドル　dollar（=100セント）
イギリス（Great Britain）	ポンド　pound（= 100ペンス）
イタリア（Italy）	リラ　lira
インド（India）	ルピー　rupee
インドネシア（Indonesia）	ルピア　rupiah
オーストラリア（Australia）	ドル　dollar
カナダ（Canada）	ドル　dollar
韓国（South Korea）	ウォン　won
シンガポール（Singapore）	ドル　dollar
スイス（Switzerland）	フラン　franc
ロシア（Russia）	ルーブル　ruble
タイ（Thailand）	バーツ　baht
台湾（Taiwan）	ドル　dollar
中国（China）	元　yuan
ドイツ（Germany）	マルク　mark
ニュージーランド（New Zealand）	ドル　dollar
フィリピン（the Philippines）	ペソ　peso
フランス（France）	フラン　franc
香港（Hong Kong）	ドル　dollar
マレーシア（Malaysia）	リンギット　ringgit

フルネーム

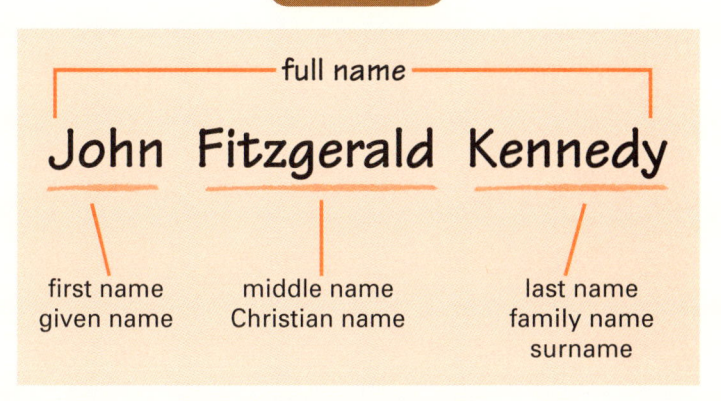

full name

John Fitzgerald Kennedy

- first name / given name
- middle name / Christian name
- last name / family name / surname

建物・方角の省略

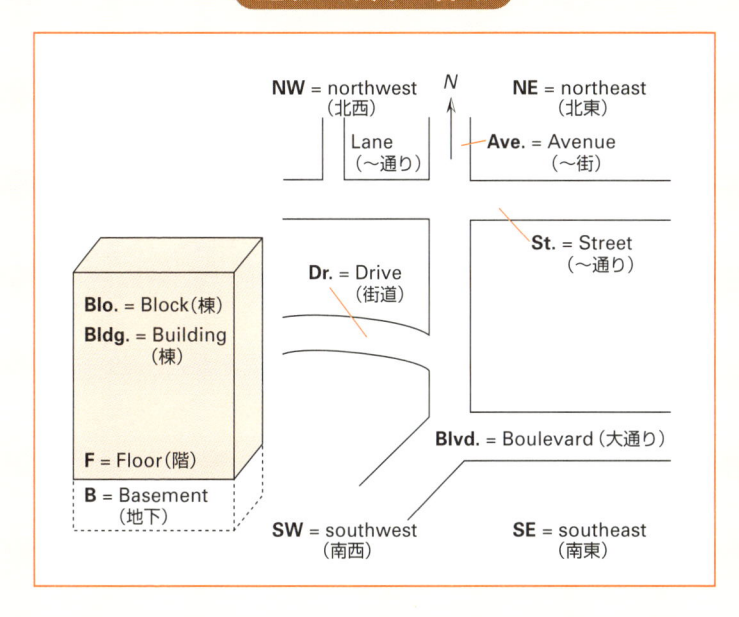

- **NW** = northwest (北西)
- **NE** = northeast (北東)
- **Lane** (〜通り)
- **Ave.** = Avenue (〜街)
- **St.** = Street (〜通り)
- **Dr.** = Drive (街道)
- **Blo.** = Block (棟)
- **Bldg.** = Building (棟)
- **F** = Floor (階)
- **B** = Basement (地下)
- **Blvd.** = Boulevard (大通り)
- **SW** = southwest (南西)
- **SE** = southeast (南東)
- N (北)

appendix

括弧などの種類

( ) 括弧
parenthesis (-ses)
[ ] bracket (s)

" " 引用符
quotation mark (s)

. 終止符・省略符号
period (米)
full stop (英)
dot

, コンマ
comma

: コロン
colon

' アポストロフィ
apostrophe

- ハイフン
hyphen

— ダッシュ
dash

! エクスクラメーションマーク
exclamation mark

? クエスチョンマーク
question mark

ANNE ブロック体
block capital

物体の形

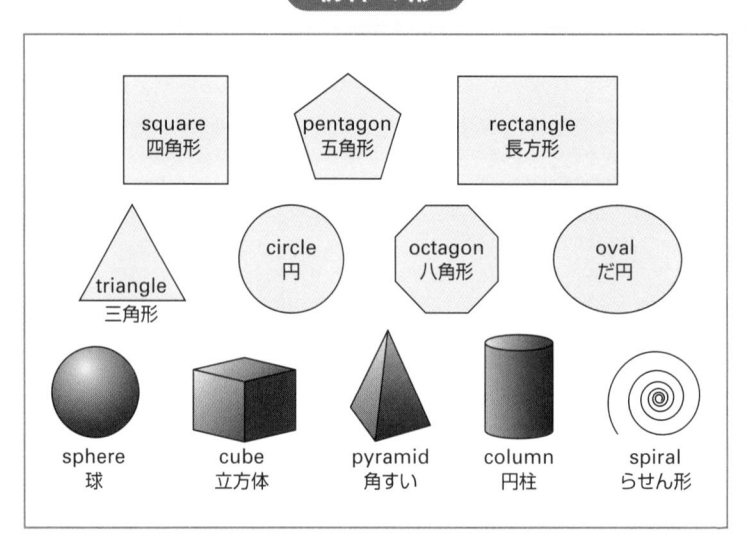

square 四角形

pentagon 五角形

rectangle 長方形

triangle 三角形

circle 円

octagon 八角形

oval だ円

sphere 球

cube 立方体

pyramid 角すい

column 円柱

spiral らせん形

髪型

- straight hair
- bald
- crewcut
- curly hair
- wavy hair

動物とその部位

- wing はね
- beak くちばし
- scale うろこ
- whisker ひげ
- tail 尾
- breast むね
- gill えら
- mane たてがみ
- nest 巣
- claw つめ
- paw (犬・ネコなどの)足
- hoof ひづめ
- frog カエル
- bee ハチ
- seagull カモメ
- parrot オウム
- shark サメ
- eagle ワシ
- dog イヌ
- crab カニ
- pigeon ハト
- peacock クジャク
- dolphin イルカ
- worm 虫
- seal アザラシ

容器の名前

- bag 袋状のもの
- barrel たる
- basket バスケット
- bottle ボトル
- bowl ボウル
- box 箱
- bucket バケツ
- glass グラス
- jar つぼかめ
- jug つぼ水差し
- mug マグカップ
- can 缶
- carton ボール紙の箱
- crate 木枠箱
- sack 大袋
- tin ブリキの缶 スズ製の缶
- tube チューブ
- packet 小包
- pan 平なべ
- pot 鉢

木の種類と部分

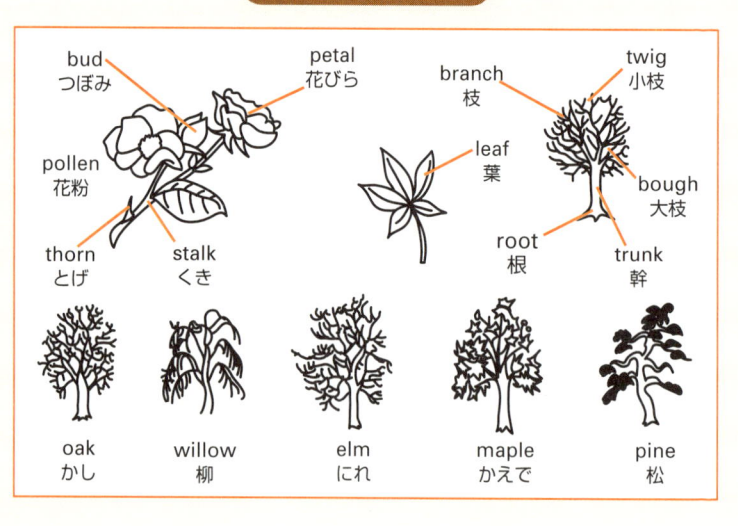

- bud つぼみ
- petal 花びら
- branch 枝
- twig 小枝
- leaf 葉
- pollen 花粉
- bough 大枝
- thorn とげ
- stalk くき
- root 根
- trunk 幹
- oak かし
- willow 柳
- elm にれ
- maple かえで
- pine 松

調理法

boil	fry	bake	roast	grill
ゆでる	あげる	（パンを）焼く	あぶる	網焼きにする

英米五穀

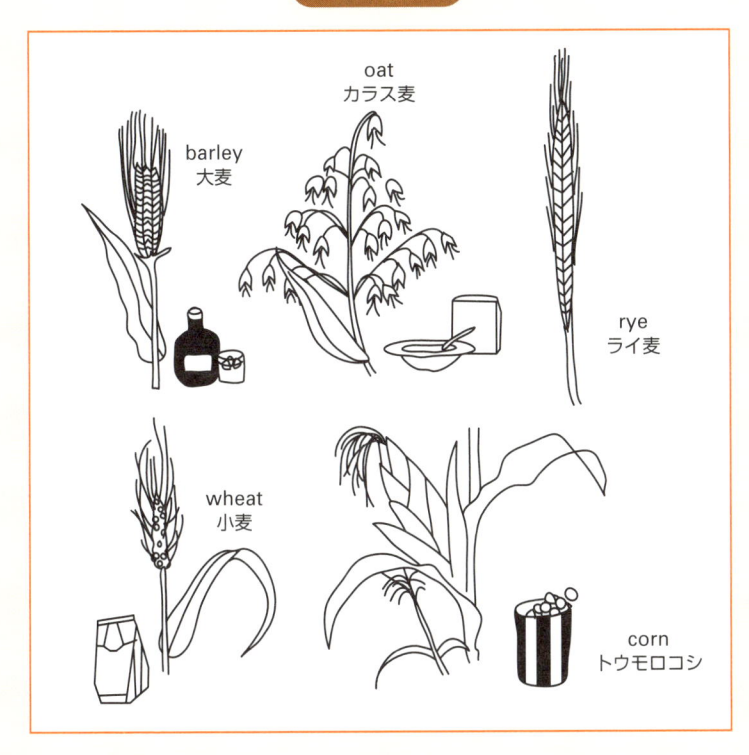

- oat カラス麦
- barley 大麦
- rye ライ麦
- wheat 小麦
- corn トウモロコシ

自然地理

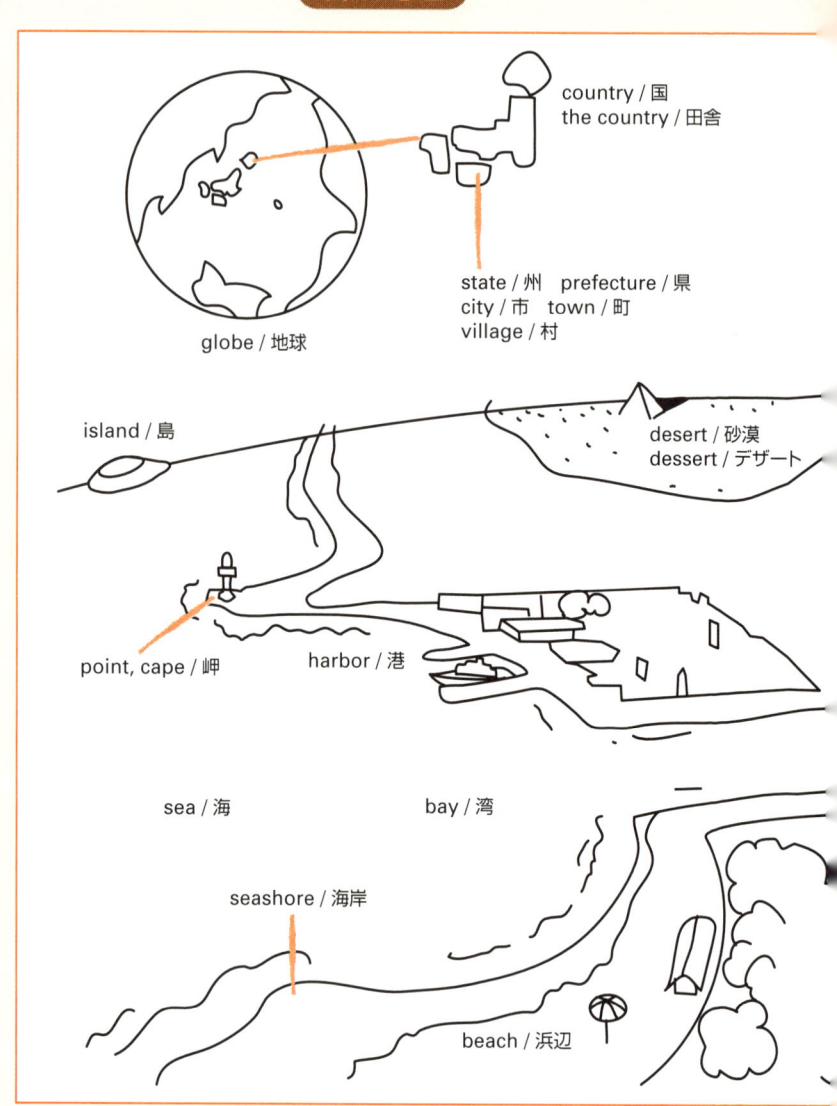

- country / 国
- the country / 田舎
- state / 州　prefecture / 県
- city / 市　town / 町
- village / 村
- globe / 地球
- island / 島
- desert / 砂漠
- dessert / デザート
- point, cape / 岬
- harbor / 港
- sea / 海
- bay / 湾
- seashore / 海岸
- beach / 浜辺

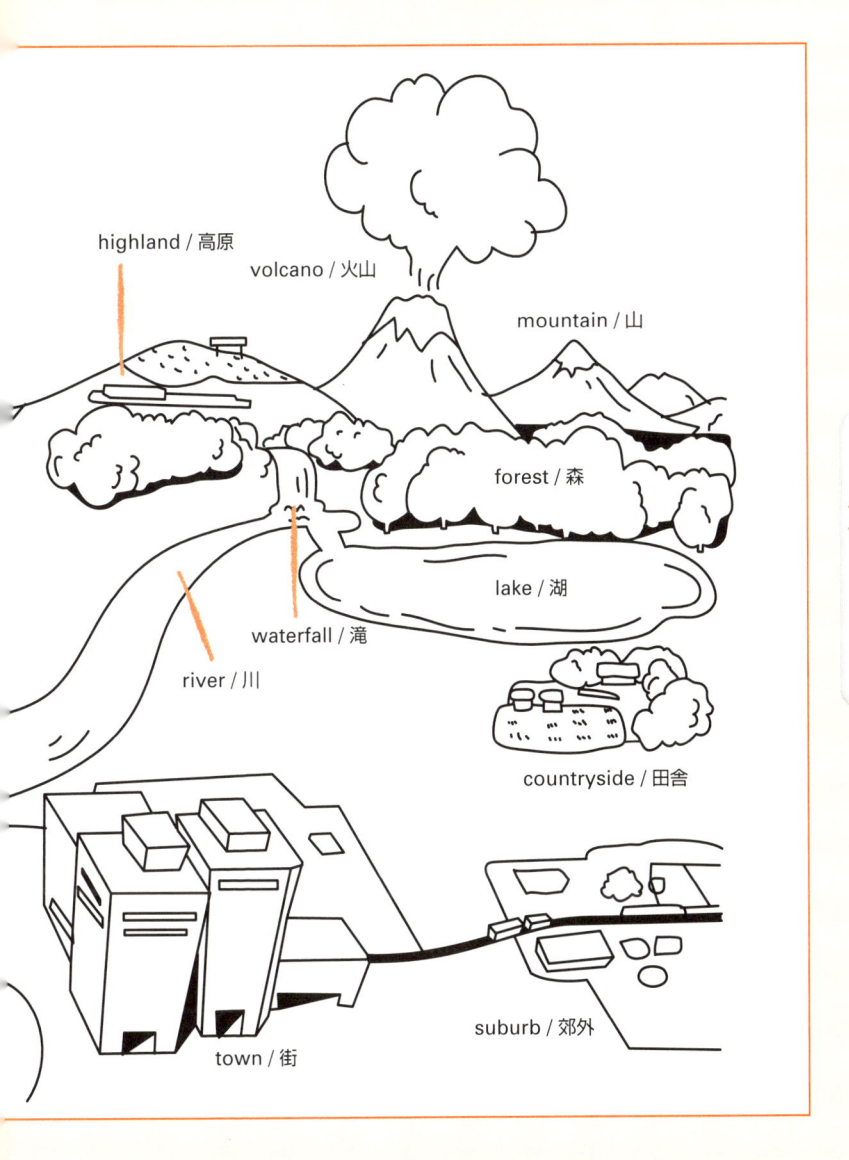

- highland / 高原
- volcano / 火山
- mountain / 山
- forest / 森
- lake / 湖
- waterfall / 滝
- river / 川
- countryside / 田舎
- suburb / 郊外
- town / 街

appendix

看板・注意表示

Please place your purchases here
お買い上げになった品物・お買い上げになる品物は、ここに置いてください

Lunches now being served
ただ今、ランチサービスをしております

No through road for motor vehicles
この道路は車での通り抜けができません

Reduce speed now
スピードを落としてください

No vacancies
空室なし

Self service
セルフサービスです

Nothing to declare
申請不要の方

Fishing strictly prohibited
釣り厳禁

DOGS MUST BE CARRIED
犬はつないでください

Clearance sale starts today!	**ADMISSION TO TICKET HOLDERS ONLY**	**FISHING: PERMIT HOLDERS ONLY**
一掃セール 今日からスタート！	チケットを お持ちの方のみ お入りになれます	許可証を 持っている方のみ 釣りができます
Feeding the animals strictly prohibited	**Trespassers will be prosecuted**	**This packet carries a government health warning**
動物に エサを 与えないで	侵入者は 処罰されます	この商品は、 政府が健康に 害があることを 認めています
Flat for rent	**These seats are appreciated by the old and infirm**	**French spoken here**
アパートの部屋 貸します	こちらの座席は、 お年寄りや身体の 不自由な方に おゆずりください	ここでは フランス語が 話されています

appendix

ペーパー(Paper)

book / 本

notebook / ノート

magazine / 雑誌

newspaper / 新聞

paper / 紙、論文

memo pad / メモ

pamphlet / パンフレット、パンフ　※80ページ以下
booklet / パンフ
brochure / 業務内容のパンフ
leaflet / 一枚綴りのパンフ

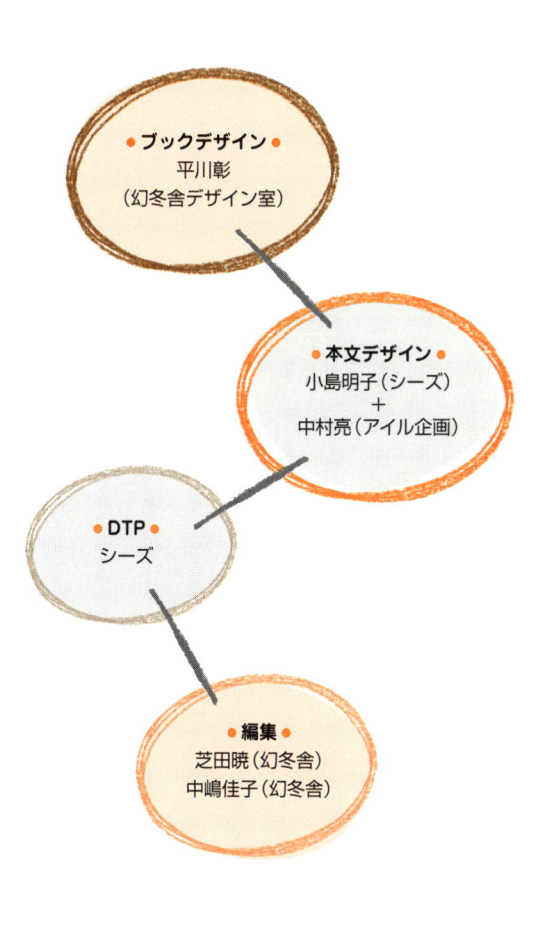

- **ブックデザイン**
  平川彰
  (幻冬舎デザイン室)

- **本文デザイン**
  小島明子(シーズ)
  ＋
  中村亮(アイル企画)

- **DTP**
  シーズ

- **編集**
  芝田暁(幻冬舎)
  中嶋佳子(幻冬舎)

● 著者紹介

尾崎哲夫（おざき てつお）

　関西外国語大学短期大学部教授。1953年、大阪府生まれ。1976年、早稲田大学法学部卒業。2000年、早稲田大学大学院アジア太平洋研究科国際関係修了。松下電送機器(株)などを経て現職。
　主要著書に、『ビジネスマンの基礎英語』（日経文庫）、『数と英語』（日経BP）、『海外個人旅行のススメ』『海外個人旅行のヒケツ』『40歳からの英語！再入門』（以上、朝日新聞社）、『英語「超基本」を一日30分！』『英会話「これだけ」音読一日30分！』（以上、角川oneテーマ21）、『ざっくり英会話』（日本テレビ放送網）、『法律用語がわかる辞典』『法律英語入門』『法律英語用語辞典』『はじめての民法総則』『はじめての会社法』（以上、自由国民社）、『「超」英語力』（中央公論新社）他多数。

尾崎哲夫ホームページ　http://www.ozaki.to/index.htm

メールアドレス　28@ozaki.to

私の英単語帳を公開します！　尾崎式の秘密

2004年3月25日　第1刷発行
2004年5月20日　第5刷発行

著　者　尾崎哲夫
発行者　見城 徹

発行所　株式会社 幻冬舎
　　　　〒151-0051東京都渋谷区千駄ヶ谷4-9-7
電話　　03（5411）6211（編集）
　　　　03（5411）6222（営業）
　　　　振替00120-8-767643

印刷・製本所：株式会社 光邦

検印廃止

　　万一、落丁乱丁のある場合は送料当社負担でお取替致します。
　小社宛にお送り下さい。本書の一部あるいは全部を無断で複写複製することは、
　　　法律で認められた場合を除き、著作権の侵害となります。
　　　　　　定価はカバーに表示してあります。

©TETSUO OZAKI, GENTOSHA 2004
Printed in Japan
ISBN4-344-00487-6　C0095
幻冬舎ホームページアドレス　http://www.gentosha.co.jp/

この本に関するご意見・ご感想をメールでお寄せいただく場合は、
comment@gentosha.co.jpまで。